Th Wiederholt

Wilhelm Sommerwerck, genannt Jacobi, Bischof von Hildesheim

Th Wiederholt

Wilhelm Sommerwerck, genannt Jacobi, Bischof von Hildesheim

ISBN/EAN: 9783744619981

Hergestellt in Europa, USA, Kanada, Australien, Japan

Cover: Foto ©ninafisch / pixelio.de

Weitere Bücher finden Sie auf **www.hansebooks.com**

Deutschlands Episcopat
in Lebensbildern.

IV. Band. III. Heft. Ganze Sammlung XXI. Heft.

Wilhelm Sommerwerck,

genannt Jacobi,

Bischof von Hildesheim.

～◦～

Von

Th. Wiederholt,

Professor der Theologie.

—◦—

Würzburg 1875.

Leo Woerl'sche Buch= und kirchl. Kunstverlagshandlung.

Wilhelm Sommerwerck, genannt Jacobi,

Bischof von Hildesheim.

I. Der Knabe und sein Onkel.

Daniel Wilhelm Jacobi, gegenwärtig der jüngste der preußischen Bischöfe, ward zu Preußisch-Minden in der Diöcese Paderborn im Jahre 1821 geboren. Schon frühzeitig kam er indeß nach Ringelheim im Hannöver'schen, das zur Diöcese Hildesheim gehört. Dieser Ort, in der ganzen Gegend bekannt nicht blos wegen seiner reizenden landschaftlichen Umgebung, sondern auch wegen seiner schönen katholischen Pfarrkirche, in welcher die fromme Judith. Schwester des heil. Bischofs Bern=ward begraben liegt, wegen seines alten Benediktiner=Klosters, jetzt dem daselbst residirenden Grafen v. d. Decken zugehörend, und wegen des uralten Thurmes der dortigen protestantischen Kirche, wurde seine zweite Heimath. Nach dem Tode seines Vaters, des Wundarztes Christian Sommerwerck, hatte ihn näm=lich der Bruder seines Stiefvaters Carl Jacobi, derzeit Pfarr=Verweser in Ringelheim, zu sich genommen. Er gewann den lebhaften Knaben lieb, erzog ihn mit der größten Sorgfalt und brachte Opfer für ihn, wie sie nur selten Eltern für ihre Kinder bringen. Es war darum ebenso natürlich, wie gerecht, wenn dieser auch den Namen von dem Manne bekam, der ihm ein zweiter Vater geworden war. Die Regierung, die er später um Genehmigung des Namenswechsels ersuchte, verlangte jedoch, daß er auch den elterlichen Namen neben dem angenommenen fort=führe, und zwar in der Weise, wie aus der Ueberschrift ersicht=lich ist.

Eine vorzügliche Sorge seines Onkels war, die reichen An=lagen des Knaben zu wecken und zu entwickeln. Neben dem

1*

Unterrichte in der Dorfschule, in die er ihn schickte, ließ er ihm noch Privatunterricht in der lateinischen und französischen Sprache und in der Musik ertheilen. Es bot sich ihm dazu gerade damals in Ringelheim reichliche Gelegenheit, und er sorgte mit Liebe und Strenge dafür, daß Wilhelm sie fleißig benutzte. In einem andern Fache übernahm er selbst den Unterricht — er lehrte ihn das Schach-, Whist- und Billardspiel. Bei diesem auf den ersten Blick befremdenden Schritte lenkte ihn der Gedanke, daß, wenn er selbst den Neffen darin unterrichte, dieser es nicht heimlich und in schlechter Gesellschaft lernen, und daß das Spiel dadurch viel von dem Reiz verlieren werde, den es meist auf junge Leute übt — ein Gedanke, dem man Wahrheit nicht wird absprechen wollen und den der Erfolg rechtfertigte. Denn stets blieb das Spiel seinem Neffen gleichgültig, die Strenge zumal, mit der auch dieser Unterricht betrieben ward, machte es ihm zu einer wenig lockenden Unterhaltung.

Diese suchte der eilfjährige Knabe viel lieber in Annegarns Weltgeschichte, deren sieben Bände er schon vor seinem Eintritte in die unterste Gymnasialklasse mehr als einmal zu seinem Vergnügen durchgelesen hatte, und im Reiten und Fahren. Der wachsame Onkel, der mit ihm in demselben Zimmer zu arbeiten pflegte, freute sich über jeden geistigen und körperlichen Fortschritt desselben; er sah nicht allein gern, daß dieser den einen oder andern seiner Lehrer am Schachbrette „matt setzte," sondern er konnte auch seine Freude nicht verbergen, wenn er denselben hoch im Sattel einen vierspännigen Erntewagen dirigiren sah, und er griff nur ein, wenn Gefahr der Uebertreibung drohte; dann aber griff er fühlbar ein.

In den Ferien der Sommer- und Herbstzeit machte er mit ihm häufig Besuche bei den Geistlichen in der Nachbarschaft, Ausflüge nach dem nahen Harz, oder kleine Reisen nach Braunschweig und andern Orten, von wo er bis zum Sonntag wieder daheim sein konnte. Auch diese Erholungsreisen benutzte er, um den Geist seines Neffen zu wecken. Nach Hause zurückgekehrt, ließ er ihn das Gesehene niederschreiben, und gewöhnte ihn so schon früh, auf Alles zu achten, zu fragen und sich ein Urtheil zu bilden.

Nachdem er ihn in dieser Weise drei Jahre erzogen hatte, schickte er ihn zur weiteren Ausbildung auf das Gymnasium

Josephinum zu Hildesheim. Da er selbst kurz darauf als Pfarrer nach Davenstedt, einem Dorfe in der Nähe dieser Stadt, versetzt wurde, so hatte er auch fortan noch Gelegenheit, seinen Neffen öfters zu sehen und seine Studien zu überwachen. An den Spieltagen ließ er ihn zu sich hinauskommen und entzog ihn damit den Gefahren, welche die freie Zeit für einen Studenten zu haben pflegt; außerdem unterhielt er einen regen Verkehr mit den Gymnasiallehrern, von denen mehrere seiner früheren Mitschüler waren, und hatte so fortwährend Kenntniß von der Haltung und den Bestrebungen seines Zöglings.

II. Der Student.

Da Jacobi an dem Gymnasium Josephinum nicht blos seine Ausbildung empfangen, sondern später auch als Lehrer 17 Jahre gewirkt hat, so erlaube ich mir, einige Nachrichten über die Geschichte und Einrichtung desselben einzuschalten. Es war aus der alten Domschule entstanden, welche im Mittelalter einen so hohen Ruf hatte, an der ein Thangmar, Lehrer und Biograph des heiligen Bernward, Benno, später Bischof von Osnabrück, Bernhard von Constanz († 1088), Bernhard, später Bischof von Hildesheim (1130—1153), Heinrich, Bischof von Lübeck († 1182), Herbord (um 1196) lehrten, und die unter ihren Schülern einen heil. Bernward, Kaiser Heinrich II., Pilgrim, Erzbischof von Köln, Meinwerk, Bischof von Paderborn, Eckard, Bischof von Schleswig, Eskil, Erzbischof von Lund, Adelbert II., Erzbischof von Mainz, Reinhold, Graf von Dassel, den bekannten Reichskanzler unter Barbarossa, und Conrad I., Bischof von Hildesheim und Würzburg und Reichskanzler Heinrichs VI. zählte. Im Jahre 1595 wurde sie von den Jesuiten übernommen, welche sie nach und nach zu einem vollständigen Gymnasium mit einer philosophisch-theologischen Lehranstalt ausbildeten und ihr neuen Ruhm verschafften, so daß ihnen selbst protestantische Prediger ihre Söhne anvertrauten. Sie behaupteten, die Schule in der fast ganz protestantischen Stadt auch während der Unruhen des dreißigjährigen Krieges mit großer Zähigkeit und hohem Muthe, obgleich die Väter mehrmals in die größte Lebensgefahr geriethen und 1634—1644 ganz vertrieben wurden. Bemerkenswerth ist, daß in jener Zeit auch der bekannte und verdiente Jesuit Fr. v. Spee unter ihnen wirkte. Als der Orden

1773 aufgehoben wurde, traten Weltgeistliche an ihre Stelle, die jedoch die früher eingeführte Studienordnung beibehielten. Auch den Klostersturm im Anfange dieses Jahrhunderts hat das Gymnasium überdauert; es blieb mit seinen Stiftungen unangetastet und bewahrte auch seinen kirchlichen Charakter. Im Jahre 1830 ward es nach dem vom königlich hannöver'schen Oberschulcollegio vorgeschriebenen Unterrichtsplane neuorganisirt und die theologische Lehranstalt von ihm getrennt. Die Hauptlehrer waren und sind nach wie vor Geistliche, die fast ausnahmslos am Gymnasium ihre Bildung empfangen, durch Talent und Fleiß sich ausgezeichnet haben, und nachdem sie das von der Regierung geforderte philologische Staatsexamen abgelegt, von dem Bischofe angestellt werden. So waren an ihm stets tüchtige Lehrkräfte thätig, und unter der einsichtsvollen und kräftigen Leitung des damaligen, jetzt noch lebenden, leider fast erblindeten Directors Renke gewann es bald wieder den Ruf einer der trefflichsten Bildungsanstalten des Landes.

Seiner Erhaltung hat die Diöcese Hildesheim gar viel zu verdanken. Dadurch ward es den Katholiken möglich, ihren Söhnen ohne große Kosten eine gute Erziehung zu verschaffen. Ausgestattet mit reichen Stipendien-Stiftungen gewährt es auch weniger Bemittelten die Möglichkeit, größere Kenntnisse und den Zutritt zu Aemtern und Ständen zu erlangen, die eine gelehrte Vorbildung erheischen. Ihm und der neben ihr bestehenden, jüngst leider geschlossenen theologischen Facultät ist es zuzuschreiben, daß die Diöcese trotz ihrer Kleinheit, trotz der Armuth ihrer Bewohner, nur selten Mangel an Priestern gefühlt hat, im Gegentheil bis vor 25 Jahren noch viele an andere Diöcesen, besonders an Speyer, abgeben konnte.

Jacobi besuchte das Gymnasium von 1833—1839, er studirte mit Eifer und Erfolg; viele Prämien, rasches Aufsteigen durch die Klassen waren die Früchte seines Fleißes und Talents, und in der Maturitätsprüfung erhielt er das Zeugniß: „bestanden mit Auszeichnung." Auch die Lehrer waren aufmerksam auf ihn geworden; insbesondere hatte er das Wohlwollen des Direktors Renke gewonnen, der ihm auch späterhin ein treuer, väterlicher Freund geblieben ist.

Die Frage, welche jetzt an ihn herantrat, für welchen Beruf nämlich er sich entscheiden sollte, hatte er sich längst beantwortet; er wählte den geistlichen Stand. Er hatte dabei zunächst den Wunsch, bei seinem Onkel Kaplan zu werden und ihn in den Arbeiten seines Amtes zu unterstützen. Wie wenig dieser aber hierauf gerechnet hatte, geht genügend daraus hervor, daß er ihm eindringlich den Wunsch aussprach, er möge jetzt, da er doch wegen mangelnden Alters noch sehr lange auf den Empfang der hl. Weihen werde warten müssen, auf einige Jahre die Stelle eines Hauslehrers annehmen oder sich einem andern Studium zuwenden und „sich den Wind erst etwas um die Nase wehen lassen"; wenn er dann noch Lust zum geistlichen Stande behalte, so könne er sich noch früh genug dem Studium der Theologie widmen. Der Abiturient aber blieb seinem Vorsatze treu, die theologischen Studien sofort zu beginnen, ließ sich bei der philosophisch-theologischen Lehranstalt zu Hildesheim, welche damals der Regens Wandt, der spätere Bischof Jacob Joseph leitete, inscribiren und studirte an derselben drei Jahre hindurch. Während dieser Zeit wurde er auch am Gymnasium beschäftigt: als sogen. Pensa-Präceptor besorgte er die Correctur der lateinischen Arbeiten aus den vier untern Klassen.

Auch dieses Triennium schloß mit einem guten Examen; und er hoffte nun, in das Klerikal-Seminar einzutreten und der Erfüllung seines Wunsches nahe zu sein. Da erhob sich ein Hinderniß, an das er bislang nicht gedacht hatte. Damals war die Zahl der Studirenden der Theologie so groß, daß manche auch nach bestandenem Concurse noch mehrere Jahre warten mußten, ehe sie in's Seminar konnten aufgenommen werden, und andere in fremde Diöcesen gingen, um bälder die heil. Weihen und eine Anstellung zu erhalten. Es war erklärlich, daß man es nur ungerne sah, wenn nun noch Ausländer kamen, in der Diöcese eine Anstellung suchten und den Einheimischen die Aussichten noch mehr trübten. Und als Ausländer ward Jacobi von einigen seiner Commilitonen betrachtet, obgleich er von Jugend auf in Hildesheim gelebt und mit ihnen seine Studien absolvirt hatte. Die Unzufriedenen wandten sich mit ihrer Klage zuerst an die Bischöfliche Behörde; abgewiesen gingen sie an das Königliche Ministerium in Hannover. Dieses entschied nach ihrem Verlangen: Jacobi sollte das Land verlassen. Bereits hatte er sich an den Erzbischof von Köln mit der Bitte gewandt, in seine Diöcese aufgenommen zu werden, und gerne die Zusage erhalten; da änderte sich die Sachlage noch im letzten

Augenblicke. Ein höherer Beamter, der Einsicht in seine Zeug-
nisse genommen, gab ihm den Rath, sich an das Ministerium mit
dem Gesuche zu wenden, daß man ihm das hannöversche Indigenat
ertheile. In Folge davon wurden über ihn Verhandlungen mit
der Bischöflichen Behörde angeknüpft; und das Resultat war, Dank
der kräftigen Verwendung des Director's Renke, daß er das Indigenat erhielt, jedoch unter der Bedingung, daß er nicht in der
Seelsorge, sondern im Lehramte verwendet werden solle; und Gott
hat es gefügt, daß er der Bischof und oberste Hirt der Diöcese
geworden ist!

Freudig trat er nun in's Seminar, um sich auf den Empfang
der heil. Weihen vorzubereiten; am Ende des J. 1843 erhielt er
von dem Bischofe Jacob Joseph die Weihe des Diakonats; zur
Priesterweihe hatte er noch nicht das erforderliche Alter. Dann
sandte ihn der Bischof nach der Universität Bonn, damit er Philologie und Geschichte studire und sich auf eine Lehrerstelle am
Gymnasium vorbereite. Dort fand er nicht allein berühmte
Professoren für seine Fachstudien, wie Gottl. Welker und Friedr.
Ritschl für klassische Philologie, Dahlmann und Aschbach für Geschichte, Urlichs für alte Geographie und Kunst-Mythologie, Ferd.
Walter für Rechtsgeschichte, Brandis für Geschichte der Philosophie,
sondern auch strebsame Commilitonen, welche schon Priester waren
und theils Philologie wie Schmidt, jetzt Gymnasial-Director in
Paderborn, Fr. Michelis, jetzt leider als sogen. Altkatholik so bekannt geworden, A. Peters, jetzt Rector am Gymnasium zu Osnabrück, theils Jura studirten, wie Simon Bohn, später Geistlicher
Rath in Limburg, jetzt Decan in Asmannshausen. Mit allen
diesen trat er in ein näheres Verhältniß, ohne sich grade von Anderen und Andersgläubigen abzuschließen, wenn er sich von ihnen
für seine Studien Nutzen versprach.

Neben der vielseitigen Anregung, welche die Collegien und
und dieser Verkehr in unmittelbarem Gefolge hatten, war ihm
der Aufenthalt in Bonn noch in anderer Beziehung sehr förderlich.
Wie überall am Rheine, so war auch dort ein reges katholisches
Leben erwacht; die Kirche konnte frei und ungehindert ihre Wirksamkeit entfalten; in der Bevölkerung war die Liebe zu ihr auf's
Neue geweckt; man feierte ihre Feste mit Pracht und übte wieder
mit Eifer all die sinnigen Gebräuche, an denen die kath. Kirche

so reich ist. Damals ward auch der Weiterbau des Kölner Domes begonnen und der Dombau-Verein gegründet, der nicht bloß die Vollendung dieses herrlichsten Gotteshauses in Deutschland an=bahnte, sondern auch die Restauration und den Neubau vieler andern Kirchen anregte. — Auch in den Kreisen der Studenten herrschte ein lebhaftes Interesse für die Kirche und die Bestreb=ungen in ihr, angeregt besonders durch Prof. Dieringer, welcher damals in der Münsterkirche seine geistreichen Predigten für die Studenten hielt. — Ein so frisches katholisches Leben übt einen mächtigen, wohlthuenden Einfluß auf jeden Katholiken, der plötzlich aus andern Verhältnissen hineinversetzt wird, zumal wenn er bisher in Norddeutschland lebte. In dem kältern Norden, unter einer überwiegend protestantischen Bevölkerung war ein solches Leben meist unbekannt und auch fast unmöglich. Neben äußern Hinder=nissen waren der rationalisirende Geist in den vornehmern Kreisen, die Armuth und Abhängigkeit der meisten Katholiken und ihre Scheu, sich dem Spotte Anderer auszusetzen, die Ursachen, welche das Erwachen des kirchlichen Geistes dort hinderten und auch jetzt noch seiner allseitigen Wirksamkeit hier und da Schranken setzen. Wer nun aus solchen Verhältnissen in ein gut katholisches Land kommt, der empfindet Aehnliches, wie der Reisende, der aus einer kalten, öden Winterlandschaft in wärmere Gebiete gelangt, wo schon Frühlingslüfte wehen, die Bäume blühen und neues Leben sich regt: das neue Leben ergreift auch ihn. Er fühlt sich bald heimisch, gewinnt Vertrauen zu den Bewohnern, nimmt gerne Theil an ihren Festen und Freuden, und ihr Eifer erhöht auch in ihm die Liebe zur Kirche und den Eifer, ihr zu dienen. Das erfuhr auch Jacobi; er rechnet die anderthalb Jahre, die er in Bonn zu=brachte, zu den schönsten seines Lebens; mit besonderer Freude gedenkt er noch des Verkehres mit Herrn Dieringer, dessen Vor=lesungen er auch nicht selten besuchte.

Die folgenden drei Semester studirte er in Göttingen, der Landesuniversität. Von den dortigen Professoren zogen ihn be=sonders Ritter, bei dem er Geschichte der Philosophie hörte, und der vielseitige Humanist C. Friedr. Hermann an, dessen Vor=lesungen über Kritik und Hermeneutik, Alterthümer und Literatur=geschichte der Griechen und Römer er mit großer Freude besuchte. Dieser bewies auch seinerseits dem strebsamen Studenten, der ihm schon von Bonn aus durch Prof. Ritschl empfohlen war, un=

verkennbares Wohlwollen und nahm ihn bereitwillig zum Mit=
gliede des pädagogischen Seminars auf; gab ihm aber doch, was
bei der Verschiedenheit des religiösen Standpunktes nicht zu ver=
wundern war, zuweilen Rathschläge, die er nicht befolgen konnte.
So sprach er ihm noch unmittelbar vor seinem Abgange von der
Universität in vollem Ernste den Wunsch aus, er möge doch nicht
Geistlicher bleiben, sondern sich als weltlicher Philologe anstellen
lassen. Wie schon dieses Vorkommniß beweist, wehte in Göttingen
eine ganz andere Luft als in Bonn, und katholische Studenten,
mit denen sich umgehen ließ, gab es wenige. Einen Ersatz suchte
und fand Jacobi in dem Verkehre mit dem katholischen Pfarrer
der Stadt, Dr. Seiters, der eben das Leben des hl. Bonifacius
herausgab, und mit dem Pfarrer Bögershausen in dem nicht weit
entfernten Flecken Nörten.

III. Der Lehrer und Prediger.

Nachdem er am Ende der drei Jahre, die ihm zur Ausbild=
ung bestimmt waren, das Staatsexamen in der classischen Philo=
logie und Geschichte gemacht hatte, empfing er die Priesterweihe
im Jahre 1846, und ward dann sogleich als Lehrer am Gym=
nasium Josephinum angestellt. Anfangs wurde er als Extra=
ordinarius für Griechisch und Geschichte beschäftigt; nach kurzer
Zeit Ordinarius geworden, ging er als solcher durch alle Klassen
und ward nach 10 Jahren wieder Extraordinarius, als welcher
er besonders in den alten Sprachen, deutschem Aufsatz und Ge=
schichte unterrichtete. Er wirkte mit großem Eifer; wo die an=
gesetzten Stunden bei einem Schüler nicht ausreichten, da scheute
er nicht die Mühe, durch Privatunterricht nachzuhelfen. Er war
dazu nicht bloß Lehrer, sondern auch Erzieher, wußte die Schüler zu
gewinnen und sie zu Fleiß und Ordnungsliebe anzuregen. Dabei
behandelte er alle ohne Ausnahme mit gleicher Liebe und Gerechtig=
keit. Der Verfasser hatte das Glück, einige Jahre zu seinen
Schülern zu gehören, aber er erinnert sich noch recht wohl, daß
ein jüngerer Bruder des Herrn Lehrers, der mit ihm die Klasse
besuchte, fast strenger gehalten wurde, als die Uebrigen.
Eine Freude war es für Jacobi, wenn er jetzt denen dienen
konnte, die ihm früher Liebe und Wohlwollen bewiesen hatten,
besonders seinem Onkel, der inzwischen wieder nach Ringelheim

gekommen und Dechant geworden war. Regelmäßig brachte er einen Theil der Ferien bei ihm zu und duldete nicht, daß während dieser Zeit „der Herr Dechant" die Kanzel bestieg; dieser setzte sich dann während des Gottesdienstes zu den Schulkindern, freute sich der dankbaren Hilfe, die ihm der Neffe leistete, war aber trotz seiner freudigen Andacht ein aufmerksamer Kritikus. Am Nachmittage oder Tags darauf ging er dann, wenn er mit „dem Herrn Professor" allein war, nicht allein auf Inhalt und Form der Predigt, sondern auch auf Betonung und Gebrauch der Stimmmittel, ja sogar auf die Haltung des Kopfes und die Bewegung der Arme ein; dabei verfuhr er freilich rückhaltlos, aber mit jener wohlthuenden Milde, deren sich ein so liebevoller Erzieher nicht entäußern kann. Dafür legte er aber auch seine Predigten vor, die er inzwischen gehalten und mit außerordentlicher Sauberkeit aufgeschrieben hatte, damit der Neffe an diesen sein Wiedervergeltungsrecht übe.

Auch den übrigen Theil der Ferien, der vielfach meist in Gemeinschaft mit dem Collegen Prof. J. G. Müller — jetzt Domcapitular und Director des Gymnasiums — zu Reisen benutzt wurde, vergaß der Neffe den Onkel nicht: vom Rheine, aus Belgien, Frankreich, Baden, Württemberg, Bayern, Thüringen, Kärnthen, Italien, Tyrol und der Schweiz, aus Prag, Wien, Berlin, aus Salzburg wurde möglichst oft derart geschrieben, daß der Geist des Onkels seinen abwesenden Liebling auf allen seinen Wegen begleiten konnte, und daß nach der Heimkehr Anknüpfungs-Punkte vorlagen, um das zu erfragen, was ihm die Briefe, die Landkarten und die andern Hilfsmittel unbeantwortet gelassen hatten.

Wer sich in dieses Verhältniß des Onkels zu seinen Neffen hinein versetzen kann, der wird das Glück zu schätzen wissen, das für Beide aus demselben entsprang. Der Wunsch des Letztern, als Kaplan dem Onkel zu helfen, war zwar nicht erfüllt; so suchte er denn in jeder andern Weise ihn zu erfreuen. Er gedachte, daß vielleicht bald die Zeit komme, wo er es nicht mehr könne, und daß es ihm dann ein tröstliches Bewußtsein sein würde, die Gelegenheit dazu nicht versäumt zu haben. Und sie kam ihm nur zu früh; der Onkel starb noch im kräftigsten Mannesalter, im Jahre 1863.

Bald nachdem Jacobi als Lehrer am Gymnasium eingetreten war, eröffnete sich ihm noch ein anderes Feld der Wirksamkeit.

In der Gymnasialkirche werden außer dem Gottesdienste für die Schüler noch einige von den Zeiten der Jesuiten her bestehende und vom Volke fleißig besuchte Andachten gehalten, unter andern auch die Bruderschaft „vom guten Tode." Die Abhaltung der letztern ward ihm im Jahre 1847 übertragen; damit übernahm er zugleich die Ordnung des übrigen Gottesdienstes, die Besorgung des Beichtstuhles, sowie die Rechnungsführung der Kirche und einiger Stiftungen — er war somit gewissermaßen der Rector der Kirche. Diese Geschäfte, besonders das Predigtamt, dem er sich mit Liebe hingab und dessen Mühen ihm durch ein zahlreiches Auditorium vergolten wurden, bildeten ein Gegengewicht zu der Beschäftigung mit den Schriften der Griechen und Römer; die Theologie ward ihm nicht fremd, und er ward veranlaßt, nicht blos als Erzieher der Jugend, sondern auch als Seelsorger zu wirken. Und diese Art der Wirksamkeit ward ihm mit der Zeit so lieb, daß sich der Wunsch in ihm regte, sich ganz der practischen Seelsorge widmen zu können. Das Registerführen dagegen wollte ihm, der bislang lieber Classiker las, als Revisionsmonita, erst gar nicht behagen; doch ward auch diese Schwierigkeit von dem Pflichtbewußtsein bald überwunden. So wußte ihn die Vorsehung, die ihn für ein ganz anderes Amt berufen hatte, als das war, welches er als seine Lebensaufgabe betrachtete, ohne daß er es ahnen konnte, allmählig für dasselbe heranzubilden. Im J. 1854 übertrug ihm der hochselige Bischof Eduard Jakob Wedekin noch einen Theil der Predigten im Dome. Lange versuchte er diese neue Last abzuwehren; seine bisherigen Geschäfte nahmen bereits seine Kräfte genug in Anspruch; und das neue Amt war nicht grade einladend: denn diese Predigten erforderten eine sehr sorgfältige Vorbereitung, verhießen aber bei dem sehr gemischten Publikum wenig Erfolg. Indeß der Bischof bestand auf seinem Willen, und Jacobi mußte auch dieses Amt noch übernehmen. Es hatte für ihn eine Folge, die er nicht ahnte. Die Predigten, die er in den J. 1854—1863 auf der Domkanzel hielt und die sich durch Popularität und Klarheit auszeichneten, waren der Anlaß, daß der Bischof auf ihn seine Augen richtete, als er 1863 einen neuen General-Vicar zu wählen hatte. Nachdem er ihn im Frühling jenes Jahres zum Domkapitular ernannt, übertrug er ihm im Herbste mit dem General-Vicariate den größten Theil der Diöcesan-Verwaltung.

IV. Der General-Vicar.

Die Diöcese Hildesheim erstreckt sich nach ihrer Zusammen=
setzung durch die Circumscriptionsbulle v. J. 1824 über den größten
Theil des ehemaligen Königreich's Hannover, über vier von den
sechs Landdrosteien desselben und die Berghauptmannschaft Klaus=
thal, sowie über das Herzogthum Braunschweig; sie gehört also
dem äußern Umfange nach zu den größten Deutschlands. Aber
nach der Zahl der Katholiken, die zu ihr gehören, ist sie fast die
kleinste; sie zählt etwa 85000 Seelen, welche sich so vertheilen:
In der Landdrostei Hildesheim
  mit der Berghauptmannschaft
  leben . . . . 61790 Kath. neben 345849 Akath.;
in der Landdrostei Hannover 14267 „   „ 380729 „
 „   „   „   Lüneburg 3532 „   „ 380686 „
 „   „   „   Stade . 2211 „   „ 300603 „
im Herzogthum Braunschweig 3945 „

Im Ganzen 85745 Katholiken.

Nur in der Nähe der Stadt Hildesheim und auf dem Unter=
Eichsfelde, einem Theile der ehemaligen Erzdiöcese Mainz, gibt
es einige rein katholische Gemeinden. Viele sind an starkgemischten,
oft überwiegend protestantischen Orten. In der Stadt Hildesheim
selbst leben unter einer Bevölkerung von ca. 20000 Seelen 6—7000
Katholiken. Dazu kommen noch 19 Missionen in fast ganz aka=
tholischen Landestheilen. — Wie an vielen Orten gehören auch
hier die Katholiken zu der weniger wohlhabenden Bevölkerung;
nur die Landgemeinden in der fruchtbaren Umgegend Hildesheim's
sind begütert, während das stark bevölkerte Eichsfeld seine Bewohner
nicht ernähren kann. Sobald der Frühling kommt, wandern darum
alljährlich Tausende aus, um in Hannover, Braunschweig, Magde=
burg und andern Städten als Maurer zu arbeiten, oder sich in
Fabriken und auf Oeconomien zu verdingen, oder sie ziehen als
Hausirer umher — zum größten Nachtheil für ihre Sittlichkeit
und die Erziehung der Kinder.

Das Verhältniß der Kirche zur Staatsregierung war im
Allgemeinen ein recht gutes. Allerdings hatte die Kirche nicht
die Freiheit, deren sie sich ehemals in Preußen erfreute; die Re=
gierung verlangte Einsicht in alle Bischöflichen Erlasse und nahm

das Recht in Anspruch), die Anstellung der Professoren am Seminar und der Lehrer am Gymnasium, sowie der Pfarrer zu bestätigen; aber sie übte diese Rechte mit Milde, und Wohlwollen und ein eigentlicher Conflict ist nicht entstanden.

In den Braunschweigischen Theilen der Diöcese war und ist die Lage der Katholiken eine viel gedrücktere; nur drei Pfarreien sind anerkannt, die in der Stadt Braunschweig, in Wolfenbüttel und Helmstädt; die Katholiken an andern Orten müssen auch jetzt noch, wenn sie Taufen, Kopulationen und Beerdigungen von ihren Geistlichen vornehmen lassen wollen, die Erlaubniß dazu von dem protestantischen Pastor einholen, die er indeß nicht verweigern darf.

Bei den so ungleichen Verhältnissen in den verschiedenen Theilen der Diöcese war die Verwaltung derselben trotz ihrer Kleinheit nicht leicht und führte die verschiedenartigsten Geschäfte mit sich. Dazu oblag dem General=Vicar die Verwaltung einiger bedeutenden Stiftungen, des Karthaus= und Studienfonds und des Waisenhauses zu Henneckenrode.

Diese Geschäfte mußten Herrn Jacobi Anfangs um so schwieriger werden, als er ihnen bisher gänzlich ferne gestanden hatte; es war ein ganz neues Feld der Wirksamkeit, das er jetzt bebauen sollte. Zu Statten kam ihm dabei sein früherer Bildungsgang, der Aufenthalt auf der Universität, sowie der langjährige Umgang mit der Jugend. Daß er sein schwieriges Amt zu allseitiger Zufriedenheit verwaltete, bezeugt wohl am besten die Thatsache, daß ihn das Domkapitel nach dem Tode des Bischofs Eduard Jakob einstimmig zum Nachfolger erwählte.

Die Arbeiten, die sein Amt mit sich führte, waren indeß nicht rein geschäftlicher Natur; er bekam auch Gelegenheit, auf das religiöse Leben der Diöcesanen einzuwirken; denn der Bischof übertrug ihm auch die Abfassung der Ausschreiben, in denen das herkömmliche Ernte= und Stundegebet und andere Andachten angeordnet wurden. Diese Anlässe benutzte er, die Diöcesanen zu belehren, bei den aufregenden Ereignissen der Zeit zu beruhigen und zu Werken der Frömmigkeit und Barmherzigkeit aufzufordern. Die Zeit nach 1863 war ja auch reich an großen, verhängnißvollen Ereignissen, die es nothwendig machten, daß die Leiter der Kirche ihren Angehörigen sorgsamer als sonst die rechten Wege wiesen.

Der für die Hannoveraner so verhängnißvolle Krieg vom
J. 1866 hatte in allen Theilen des Landes eine außerordentliche
Aufregung hervorgerufen; im Andenken an die milde und wohl=
wollende Regierung des frühern Königshauses ward es ihnen schwer,
unter die neue Herrschaft sich zu fügen, und manche unterwarfen
sich nur widerstrebend. Der H. General=Vicar mahnte bald nach
dem Kriege die Katholiken in tactvollen, ihren Gefühlen Rechnung
tragenden Worten zur Ruhe und Unterwerfung, sie an die Pflicht
des Gehorsams erinnernd, den man jeder Obrigkeit schulde. „Der
Herr, schrieb er in dem Erlaß vom 3. November 1866, der die
Macht der Bogen und Schilde zerbricht und der Niemand über
seine Kräfte versucht, hat uns endlich den Frieden wieder herge=
stellt. Hat er uns damit auch nicht alles zurückgegeben, was wir
in dankbarer Anhänglichkeit an frühere Zustände ersehnt haben,
so hat er uns doch die Segnungen einer guten staatlichen Ord=
nung wieder hergestellt, unter deren Schutz die geschlagenen Wunden
wieder heilen und alles neu empor blühen kann. Beugen wir
uns daher in Dank und Ehrfurcht vor dem Herrn, der die Zeit
schwerer Heimsuchung für uns so abgekürzt hat, und erinnern wir
uns der Mahnung des Apostels, daß es keine Gewalt gibt, außer
von Gott, und daß die bestehende obrigkeitliche Gewalt eine An=
ordnung Gottes ist.“

Am Ende des Jahres, als er das Stundegebet anordnete,
berührte er wieder die folgenschweren Ereignisse der nächsten Ver=
gangenheit und fuhr dann fort: „Und doch hat die Gnade des
Herrn unverkennbar über uns gewaltet; sie hat uns vor dem
namenlosen Elende blutiger Wahlstätten bewahrt und das Un=
gewitter des Krieges rasch an uns vorübergeführt, auch von ver=
heerenden Krankheiten, die so viele andere Gegenden Deutschlands
heimgesucht haben, sind wir durch Gottes wunderbare Fügung
verschont geblieben rc. Wer fühlte sich bei Vergegenwärtigung
dieser Wohlthaten nicht zum Danke aufgefordert, zu aufrichtigem,
innigem Danke, der sich nicht blos in Worten, sondern auch in
Thaten zeigt. Deßhalb laßt uns den Segen der Ernte und die
Wohlthat des Friedens nach der Absicht des gütigen Vaters, von
welchem alle guten Gaben kommen, zu unserm und unseres Nächsten
Besten verwenden. Laßt uns die Erkenntniß der Unzuverlässigkeit
und Wandelbarkeit des irdischen Besitzes, welches uns das letzte
Jahr in so großartiger, erschütternder Weise gepredigt hat, zu

unserm Heile verwenden, indem wir unsere Hauptsorge dem zu=
wenden, was ewig bleibend ist! Laßt uns von den Gütern, die
der Krieg uns hätte nehmen können, aber nicht genommen hat,
für gute Zwecke mit freigebiger Hand und mildreichem Herzen
nach Kräften beisteuern, und soweit wir vermögen, die Wunden
heilen, die ein vorausgegangenes schweres Geschick geschlagen hat —
Bluten wir aber selbst aus schmerzlichen Wunden und müssen wir
ein Kreuz hinübertragen in's folgende Jahr, so wollen wir es
gehorsam tragen, um uns freudig als treue Nachfolger des ge=
kreuzigten Heilandes zu bewähren; wollen es geduldig tragen,
um dadurch die Sünden des bisherigen Lebens abzubüßen, und
wollen freiwillig die Geißel der Abtödtung gegen unsere Verkehrt=
heiten und Sünden in Anwendung bringen, damit Gott uns künftig
mit den Zuchtruthen verschonen kann."

So suchte er die Aufregung der Gemüther in der Diöcese
zu beruhigen, sie von den Verlusten auf Gott, den Lenker aller
Dinge hinzurichten und Ausschreitungen vorzubeugen.

Das folgende Jahr brachte den Einfall der Räuberschaaren
Garibaldi's in den Kirchenstaat. Sie wurden zwar durch den
glänzenden Sieg des päpstlichen Heeres bei Mentana zurückgeworfen;
aber die Gefahren für die Besitzungen des heil. Vaters minderten
sich nicht. Deßhalb und wegen der Bedrückungen, denen die Kirche
im übrigen Italien, in Rußland und Polen unterworfen war,
ordnete Pius IX. für die ganze Christenheit ein dreitägiges Gebet
an, und verhieß denen, die für die Kirche beten würden, einen
Ablaß. In dem Schreiben, in welchem der H. General=Vicar
die Abhaltung der Andacht für die Diöcese anordnete, ergriff er
die Gelegenheit, dieselbe zu recht thätiger Unterstützung des heil.
Vaters aufzufordern: „Wir würden uns einer Täuschung hin=
geben, so schrieb er, wenn wir glauben wollten, durch diesen Sieg
der gerechten Sache (bei Mentana) sei der Kampf beendet, seien
die Feinde des heil. Stuhles vernichtet. Nein, wer die Natur
der menschlichen Schwäche und Leidenschaft kennt, der muß die
Fortdauer eines harten Kampfes gegen den heil. Vater begreiflich
finden. Dieser ist ja der Statthalter Christi auf Erden und deß=
halb ein Aergerniß allen Feinden des göttlichen Heilandes, deren
es leider nur gar zu viele gibt; er ist der Felsen der katholischen
Kirche und deßhalb der Stein des Anstoßes für die Vielen, die
am Glauben Schiffbruch gelitten; er ist der höchste Verkünder der

göttlichen Wahrheit, und deßhalb bekämpft ihn das zahllose Heer der Lüge theils mit den Waffen der falschen Wissenschaft, theils mit denen der freien Tagespresse; er ist der unerschütterliche Vertheidiger des Rechtes, und deßhalb haßt ihn die vielköpfige Revolution."

„Darum sind auch Alle, die der Kirche wirklich angehören, verpflichtet, für den heil. Vater und für den Bestand seiner weltlichen Herrschaft, ohne deren Besitz eine freie unabhängige Erfüllung seiner erhabenen Pflichten kaum zu denken ist, muthig und vertrauensvoll zu kämpfen, und zwar zunächst mit den Waffen des Gebetes zu kämpfen, denen selbst der Himmel nicht widerstehen kann. Doch nicht allein innerlich beten, sondern auch äußerlich wirken sollen wir für den heil. Vater."

Damit seine Aufforderung Erfolg habe, wurde ein Comite von eifrigen Katholiken gebildet, an dessen Spitze er stand, und das die Sammlungen des Peterspfennigs betrieb. Sein Wort zündete: von allen Seiten kamen die Beiträge und schon nach wenigen Wochen konnte er dem Papste 7000 Fr. übersenden, allerdings eine kleine Summe in Vergleich zu den großen Gaben, welche die Diöcesen Köln, Münster, Paderborn u. a. aufbrachten, und doch wieder bedeutend, wenn man die Kleinheit der Hildesheimer Diöcese und die Verhältnisse in's Auge faßt, in denen der größte Theil ihrer Angehörigen sich befindet; es lag in ihr ein erfreuliches Zeichen, daß trotz der Kälte des Nordens der Katholizismus bei ihnen nicht erkaltet und trotz der Vereinzelung in der Diaspora das Bewußtsein der Zusammengehörigkeit mit Rom nicht erstorben war.

Aber noch erfreulicher war es, daß von der Zeit an die Opferwilligkeit für den heil. Vater nicht wieder versiegte; fast jede Nummer des kath. Sonntagsblattes in H. brachte Verzeichnisse von bald größeren, bald kleineren Opfergaben, und bei besondern Anlässen äußerte sich die Liebe zum Oberhaupte der Kirche und die Theilnahme an seiner Noth noch stärker als dieses Mal. Das war der Segen, der auf dem Peterspfennige ruhte, daß dieser außer seinem nächsten Zwecke das Band zwischen Rom und der Diöcese befestigte.

Einen solchen Anlaß, die Liebe zum heil. Vater wiederum in außergewöhnlicher Weise zu bethätigen, bot die Feier seiner Secundiz. Die Begeisterung, welche das seltene Fest in Deutschland hervorrief, hatte auch die Katholiken Hildesheims ergriffen; es bedurfte keiner besondern Anregung, daß sie dasselbe auf das festlichste begingen, dem ehrwürdigen Jubilar ihre Theilnahme bekundeten und seinen Ehrentag durch Piusstiftungen verewigten. Der H. General-Vicar konnte ihm einen Peterspfennig von 9000 Fr. zu Füßen legen. Eine noch größere Summe war gesammelt, um Freistellen in einer Erziehungs- und Besserungs-Anstalt zu gründen, welche der Bischof Eduard Jakob in's Leben gerufen hatte. Das sollte die Piusstiftung unserer Diöcese sein.

Der Opferwilligkeit entsprach auch die Feier des Tages selbst; es war ein Fest, wie es die Katholiken Hildesheim's wohl noch nie erlebt hatten: Alle ohne Ausnahme, Bischof, Klerus und Volk, Reiche und Arme waren an ihm vereint; laut und offen durften sie ihre Liebe und Anhänglichkeit an den heil. Vater aussprechen und thaten es mit einer Freude, wie sie selten gesehen ward. Der hochw. Bischof war so erfreut über diese erhebende Feier, daß er am Abende, als ein großartiger Fackelzug durch die festlich erleuchtete Stadt zog und dann vor seinem Palais hielt, und Tags darauf noch in einem besondern Erlasse seinen Dank aussprach.

Leider sollte nur zu bald die Freude und Eintracht, welche damals herrschte, gestört werden. Im Herbste des Jahres ward das Vaticanische Conzil eröffnet, an dem auch unser Bischof dem Rufe des heil. Vaters folgend theilnahm. Die Wogen der Aufregung, welche dasselbe in Deutschland verursachte, berührten auch Hildesheim, wenn auch in ihrer Kraft geschwächt. Denn hier herrschte nicht, wie vielfach anderswo, bei Klerus und Volk eine doctrinelle Voreingenommenheit gegen den neuen Glaubenssatz; als katholisches Fundamentaldogma galt unbestritten der Glaube an die Unfehlbarkeit der Kirche; und so war man entschlossen, den Entscheidungen der Kirchenversammlung sich zu unterwerfen. Aber man folgte doch mit Spannung den Berichten über die Verhandlungen; hie und da im Volke hörte man auch Zweifel und Unruhe äußern, hervorgerufen und begünstigt durch die Haltung einiger weniger kath. Gelehrten der deutschen Hochschulen und die entstellenden Berichte der Tagesblätter. Um schlimmere Folgen zu verhüten, belehrte der H. General-Vicar, dem während der Abwesenheit des Bischofs die Leitung der Diöcese allein oblag, in einem trefflichen Ausschreiben vom December 1869 die Diöcesanen über die Bedeutung des Conzils und zeigte ihnen, warum

sie mit festem Glauben die Beschlüsse desselben aufnehmen könnten.
Statt zu kritisiren und dem Zweifel sich zu überlassen, sollten sie
die Berathungen der Versammlung fördern durch Gebet und Ge=
winnung des Jubelablasses, den der hl. Vater ausgeschrieben hatte.
„Je reiner die Herzen und Hände sind, die wir zum Himmel empor=
heben, desto geneigter und desto geeigneter werden wir sein, mit=
zuwirken für die Zwecke des Conzils. Mitwirken sollen wir alle —
freilich nicht durch unsern Rath! Unter den aus den verschie=
densten Theilen der Welt um den Nachfolger des heil. Petrus
versammelten Nachfolgern der heil. Apostel befinden sich so viele
durch Wissenschaft, Weisheit, Lebenserfahrung und wohlthuende
Gottes= und Nächstenliebe ausgezeichnete Männer, daß diese Ver=
sammlung auch abgesehen von dem sie leitenden höhern Gnaden=
beistande — unsers Rathes nicht bedarf. Wohl aber sollen wir
mitwirken durch freiwillige Beisteuer für den heil. Vater und durch
andächtiges Gebet." Dazu forderte er in warmen Worten auf.
Die Diöcese hielt sich gut; während fast in jeder andern trauriger
Abfall von Geistlichen und Laien zu beklagen war, ward hier kein
Priester wankend und nur wenige Laien, die aber auch bis auf
einen wieder zurückkehrten, schlossen sich den Altkatholiken an.

Das Conzil war noch nicht geschlossen; die Gährung, die es
hervorgerufen, stand in ihrem höchsten Stadium, da brachte das
J. 1870 schon wieder neue Unruhen und schwere Sorgen. Es
brach der Krieg der Deutschen mit den Franzosen aus. So glück=
lich derselbe für die deutschen Waffen ausfiel, so erfolgreich er für
die äußere Einigung und Erstarkung unseres Vaterlandes war, so
verhängnißvoll war er für die Kirche. Durch die Niederlage der
Franzosen von jedem Hinderniß befreit, vollendete der König von
Italien die Beraubung des heil. Vaters und hielt denselben in
seinem eigenen Palaste gefangen. Diese Gewaltthat, welche dem
heil. Vater von seinen eigenen Kindern angethan ward, durch
welche der älteste, ehrwürdigste, rechtmäßigste und friedlichste Staat
Europas vernichtet und auch die Freiheit der Kirche auf das ge=
fährlichste bedroht wurde, rief in der ganzen kath. Welt Trauer
und Entsetzen hervor, in dem andern Lager freilich Frohlocken
und Jubel. Indem der H. General=Vicar in dem Ausschreiben
vom Dezember 1870 seinem Schmerze über dieses Unrecht in tief
gefühlten Worten Ausdruck gab, wies er zugleich die Diöcesanen
darauf hin, daß dadurch die Hoffnung der Feinde nicht erfüllt,

die Kirche und das Papstthum noch lange nicht erschüttert sei. „Nur getrost, katholische Welt, habe Vertrauen auf den Herrn deinen Gott! Die Päpste sind schon oft aus Rom vertrieben, aber auch noch immer triumphirend wieder eingezogen. Die Hoffnung der Feinde, daß mit dem Kirchenstaate auch der Fels Petri und mit diesem die Kirche zertrümmert sei, wird zu Schanden werden. Ja selbst dann, wenn Gott es nach seinem unerforschlichen Rathschlusse zulassen sollte, daß die irdische Schutzwehr des Stuhles Petri für immer zerstört würde, so bleibt er dennoch, wie die göttliche Verheißung verbürgt, der Fels, durch welchen die ganze Kirche geeinigt, gefestigt und geschützt wird — der Fels, den der Herr, wie er in den ersten Jahrhunderten des Christenthums gethan, mit seinem allmächtigen Arme gegen die Angriffe der Hölle siegreich vertheidigt. Die Wogen der Willkür und der Bosheit sind im Verlauf der Zeit oft schon entsetzlich hoch gegangen; jener Fels aber blieb stehen, er wurde nur rein gespült. Sicher offenbart sich demnächst die alte Wahrheit von neuem, daß auch das Räthselhafteste und Unerklärlichste, was Gott über seine Kirche hereinbrechen läßt, ihr doch zum Heile und zur Verherrlichung dienen muß. Darum wendet euch in diesen Tagen schwerer Prüfung und Heimsuchung vertrauensvoll an den, welcher im Stande ist, mit dem Hauche seines Mundes die Gewitterwolken zu zerstreuen, dem heulenden Sturme und den Wogen „Halt" zu gebieten."

Das Jahr 1870 sollte indeß für die Hildesheimer Diöcese noch insbesondere ein Jahr der Trauer werden: am Weihnachtsfeste starb nach kurzer Krankheit der hochselige Bischof Eduard Jakob; eine Anfangs unbedeutend erscheinende Verletzung am Fuße war brandig geworden und hatte den Tod zur Folge. Er hatte 20 Jahre die Diöcese geleitet, und viel Gutes war durch ihn und unter ihm während dieses Zeitraumes in ihr entstanden; der kirchliche Sinn, das religiöse Leben war überall erwacht und trieb schöne Blüthen. Zur Förderung des priesterlichen Lebens und Eifers im Klerus hatte er jährlich für Gelegenheit gesorgt, die geistlichen Exercitien zu machen, und seinen ganzen Einfluß aufgeboten, daß sie benutzt ward; zahlreiche Volksmissionen befestigten die Laien im Glauben und förderten unter ihnen wahre Religiosität und Sittlichkeit. Um die studirende Jugend vor den Gefahren zu bewahren, denen sie der elterlichen Aufsicht entzogen in fremden Häusern so oft ausgesetzt

ist, hatte er in Hildesheim, durch die Beihülfe seiner Geistlichkeit
unterstützt, ein Knaben-Convict errichtet und der Leitung der
Lazaristen anvertraut. Für verwahrloste Kinder stiftete er ein
Erziehungshaus „Klein Bethlehem", in welchem 50—70 Kinder
von Ordensschwestern Erziehung und Unterricht empfangen —
seine Lieblingsschöpfung, für die er große Opfer brachte. Als
er sein Amt antrat, fand er ein einziges Kloster in der Diöcese
vor, das Kloster der Ursulinerinnen zu Duderstadt, welches seine
Armuth vor der Aufhebung gerettet hatte; als er den Hirtenstab
niederlegte, bestand ein zweites Haus der Ursulinerinnen mit
Pensionat und einer höhern Töchterschule in Hildesheim, das
auch den Unterricht der Mädchen in der Volksschule übernommen
hatte; und eine Filiale in Hannover unterhielt gleichfalls eine
höhere Töchterschule und besorgte den Elementar-Unterricht für
die Mädchen der kath. Gemeinde. Schulschwestern vom 3. Orden
des heil. Franziskus wurden in die Diöcese eingeführt und erhielten nach und nach an sieben Orten die Volksschulen. Barm-
herzige Schwestern wurden von Paderborn berufen und später
als eigene Congregation „der Schwestern von der Liebe" con-
stituirt; dieselbe zählt jetzt 72 Mitglieder und widmet sich in
11 Häuser vertheilt der Pflege der Kranken und Gebrechlichen,
der Erziehung der Waisen und Verwahrlosten, und ertheilte auch
Unterricht in einigen, jetzt freilich ihnen genommenen Schulen.
Ferner hatte der Bischof Väter aus den Orden des heil. Franziskus
und des heil. Augustinus kommen lassen und ihnen zwei Wallfahrtsorte angewiesen, die sie jüngst freilich wieder verlassen mußten; der
steigende Besuch derselben legte Zeugniß ab, wie trefflich er dadurch
für das Bedürfniß des gläubigen Volkes gesorgt hatte. In den
Theilen der Diöcese endlich, wo die Katholiken unter den Prote-
stanten fast verschwunden waren, errichtete er eine große Reihe von
Missionsstellen, um auch hier das kath. Leben zu erhalten und Mittel-
punkte zu schaffen, um die sich die zersprengten Schafe seiner Heerde
sammeln konnten; dadurch erhielten auch die Arbeiter vom Eichsfelde, die während des Sommers zahlreich in solchen Gegenden Verdienst suchten, Gelegenheit, ihre religiösen Pflichten zu erfüllen.
So hatte er sich einen ehrenvollen Platz unter den Nachfolgern
der heil. Bernward und Godehard erworben; jetzt nahm ihn Gott
hinweg und bewahrte ihn so vor dem Kummer, manche seiner
Werke vom Sturme der spätern Tage zerstört zu sehen.

Während der Sedisvakanz leitete Herr Jakobi, vom Dom=
kapitel zum Kapitels=Vikar ernannt, die Diöcese fort; und die
erste seiner Handlungen war, daß er für den verstorbenen Bischof
das Seelenamt hielt und Gebete für die Wahl des Nachfolgers
ausschrieb. Das Domkapitel traf zu dieser alsbald die Vorbe=
reitungen, stellte eine Kandidaten=Liste auf und sandte sie der
königlichen Regierung zur Einsicht und Genehmigung zu. Nach=
dem sie zurückgekommen war, fand die Wahl in feierlicher Weise
am 13. April 1871 in den Räumen des Domes statt. Schon
bei dem ersten Wahlgange vereinigten sich die Stimmen aller
Domkapitulare auf den Kapitels=Vikar, dessen Wirken sie ja
genugsam kannten.

In glänzender, auch in weiteren Kreisen Aufsehen erregender
Weise zeigte sich an diesem Tage noch einmal das gute Einver=
nehmen, das bisher zwischen den Vertretern von Kirche und
Staat in der Provinz geherrscht hatte. Der damalige Ober=
präsident, Graf Otto zu Stolberg=Wernigerode, war mit einem
glänzenden Gefolge von hohen Beamten und Offizieren zu den
Feierlichkeiten der Wahl erschienen; bei dem wahrhaft fürstlichen
Diner, das er nachher dem Gewählten zu Ehren gab, betonte er
in einem Toaste die Nothwendigkeit, daß Kirche und Staat zumal
in der jetzigen Zeit treu zusammen ständen und sich gegenseitig
ergänzten, um ihre wichtigen Aufgaben in der rechten Weise zu
lösen, und schloß mit einem Hoch auf den Kaiser und Pius IX.
Einen zweiten Toast auf den Gewählten erwiederte dieser mit
einem Hoch auf seine Wähler, die hochw. Domkapitularen, die
ihm nicht bloß wohlwollende Collegen, sondern auch die Lehrer
seiner Jugend gewesen seien oder ihn in die Geschäfte der geist=
lichen Verwaltung eingeführt hätten. „So viel", schloß er seine
Anrede, „haben Sie Ihrem Schüler beigebracht, daß er das in
der Wahl ausgesprochene Wohlwollen und Vertrauen zu wür=
digen weiß; aber so viel haben Sie ihm nicht beigebracht, daß
er alle Selbstsucht aus sich herausgetrieben hätte, daß ich näm=
lich nicht, zunächst im eigenen Interesse, wünschte, der Herr
aller Herren möge mir meine Collegen erhalten als Reveren=
dissimum Senatum in derselben Concordia, die sich diesen
Morgen gezeigt hat; dann wird sich auch in unsern Verhält=
nissen zeigen, daß Concordia res parvae crescunt."

Im Sommer des Jahrs bethätigte der erwählte Bischof

auf's Neue seine Ergebenheit gegen den heil. Vater. Es wurde in
ihm das 25jährige Jubiläum der Thronbesteigung desselben gefeiert.
Das Ereigniß, das man vor seinem Eintreffen fast nicht für möglich
gehalten hatte, ward für die Kirche wieder zum Anlaß, ihre
Treue gegen ihr Oberhaupt zu beweisen und ihn dadurch in
seinen Leiden zu trösten. Wie Petrus, dessen Jahre er erreicht,
war ja auch er gefangen. Darum mischte sich in die Freude,
welche dieses wahrhaft einzige Ereigniß hervorrief, die Trauer,
und man fühlte sich gedrängt, besonders durch Gebete und Wall=
fahrten die Gnade Gottes auf den schwergeprüften Greis herab=
zurufen, sowie durch Gaben der Liebe ihm die Last zu erleich=
tern, welche die Leitung der Kirche ihm verursachte. Die Diöcese
Hildesheim stand darin nicht zurück; von dem erwählten Bischof
zur Feier des Festes aufgefordert, beging sie es in der erhebendsten
Weise. Eine Summe von 12,000 Fr. war schon vorher zu=
sammengebracht, die man nebst anderen Geschenken dem heil.
Vater zu Füßen legte. Am Feste selbst, dem 16. und 18. Juni,
herrschte zwar nicht jener laute Jubel, wie am Tage der Se=
cundizfeier, aber eine innige Freude, geheiligt durch Gebet und
den Empfang der Sacramente, erfüllte die Herzen. Von der
Stadt Hildesheim, deren Eifer für die möglichst würdige Be=
gehung der Feier der erste Preis gebührt, zog am 16. Juni
eine zahlreiche Männer=Procession nach dem drei Stunden ent=
fernten Wallfahrtsorte Ottbergen, wo der Hochw. Bischof das
Hochamt celebrirte, und erflehte dann den Kreuzweg betend
Gottes Beistand und Trost dem muthigen Vorkämpfer für die
Rechte der Kirche. Am folgenden Sonntage, dem 18. Juni,
vereinigten sich die Pfarreien der Stadt zu einer General=Com=
munion im Dome, und während sie des Abends in dem kath.
Vereinshause zur geselligen Unterhaltung sich einfanden, loderten
ringsum auf den Bergen Freudenfeuer, um die sich die benach=
barten Gemeinden sammelten und Jubelhymnen singend die Feier
schlossen.

Nur mit Freude denken Alle an diese Feier zurück, die an
ihr sich betheiligten. Es war besonders das offene Hervortreten
des religiösen Eifers, welches sie so erfreulich machte; man hatte
die Gleichgültigkeit und Scheu überwunden, welche so leicht sich
einstellt, wo Katholiken in der Minderheit unter Andersgläubigen
wohnen; man hatte den Muth gehabt, dem Zuge seiner Andacht

offen zu folgen und seine Ueberzeugung laut zu bekennen und
zwar trotz der immer mehr hervortretenden Verachtung der Kirche
und des immer lauter sich äußernden Hasses gegen ihr Oberhaupt.
Darum war jene Feier für Hildesheim viel bedeutsamer, als sie
es in rein kath. Ländern gewesen wäre, wo Bittgänge und andere öffentliche Andachten nichts Ungewöhnliches sind.

V. Der Bischof.

Am 27. Oct. 1871 wurde H. Jacobi von dem Papste als
Bischof von Hildesheim präconisirt und am letzten Tage des
Jahres empfing er die Weihe der Kirche durch den Bischof von
Osnabrück, Joh. Heinrich Beckmann, dem der Bischof von Münster
Johann Brinkmann und der Weihbischof Freusberg von Paderborn assistirten. Groß war die Freude der Diöcese, daß die seit
einem Jahre verwaiste Heerde wieder einen Hirten habe, der sie
in der gefahrvollen Zeit mit sicherem Blick und kräftiger Hand
leite. Von nah und fern kamen die Glückwünsche; die Katholiken Hildesheim's feierten ihn durch eine glänzende Illumination
und einen großen Fackelzug; in besonders sinniger Weise gab
das Gymnasium Josephinum seiner Freude Ausdruck, daß der,
welcher ihm so viele Jahre als Schüler und dann als Lehrer
angehört hatte, jetzt den Bischöflichen Thron bestiegen und als
Bischof wiederum mit ihm verbunden sei. An der Front desselben
leuchtete in einem Transparent die Inschrift: [1]

Ad discipulos Gymnasii Josephini.
Si quis quaesierit, cur festis undique flammis
Haec domus ardescat, dicite: Noster erat!
Noster erat, sacro qui hodie perfusus olivo
Nunc gerit Hildesiae pontificale pedum.
Noster erat, puer ingenuas quum disceret artes,
Noster, cum pueros instrueret dociles.
Hinc avidis hausit labiis sacra flumina fontis
Castalii, hinc aliis ipse bibenda dedit.
Nec nunc pontificis venerandum culmen adeptus
Pristina Lethaeis tempora merget aquis.
Sed studiisque scholisque favens, nocitura coercens
Patronus memori pectore noster erit.

---

[1] Verfasser der Inschrift ist der Director des Gymnasiums, der Domkapitular J. Müller.

Unserem
Hochwürdigsten Bischofe
Wilhelm
am Tage seiner Weihe.

Der Kraft der Weihe, die von oben stammt,
Seit heute führt das heilige Hirtenamt.
Der hier als Schüler lernte manches Jahr,
Und Selber dann der Jugend Lehrer war,
Ihn, der aus einem Bruder, einem Sohn
Heut unser Vater wurde und Patron,
Wir feiern ihn mit hellem Lichterschein,
Denn Er war unser und wird unser sein.

Auf Veranstaltung des hochw. Domkapitels wurde an demselben Tage die uralte berühmte Bernwardssäule auf dem Domhofe durch ihr früheres nach einer im Nachlasse des Bischofs Eduard Jakob aufgefundenen Kupferplatte neumodellirtes Kapitäl wieder ergänzt und der an die Consecration sich knüpfenden Freude und Hoffnung durch folgende Inschrift Ausdruck geliehen:

Omine fausto hodie mitrae pariterque columnae
Bernwardi dignum redditur ecce caput.

Wie heut St. Bernwards Säule hier
Neu trägt des alten Hauptes Zier,
So ward für Bernwards Insul heut
Ein neues würdiges Haupt geweiht.

Faciam illum columnam in templo Dei. (Apoc. 3, 12.)

Alle diese Zeichen der Freude und des Vertrauens, welche der Hochw. Bischof als eine Ehre ansah, die man nicht so sehr seiner Person als dem ihm übertragenen Amte gebracht habe, stärkten auch seinen Muth, die Pflichten desselben zu erfüllen und seine Lasten zu tragen. Voraussichtlich sollte dasselbe kein leichtes und angenehmes sein. Abgesehen von der Spaltung im Schooße der Kirche, die damals noch gefährlicher aussah, als jetzt, von dem Unglauben und der Gleichgültigkeit gegen alles Höhere, von der Gewinnsucht und dem Haschen nach Genuß — Schäden, die in allen Schichten der Gesellschaft um sich gefressen haben: so drohte auch der bisherige Frieden der Kirche mit dem Staate in das Gegentheil umzuschlagen. Schon die Betheiligung des Oberpräsidenten Grafen Stolberg an der Bischofs-Wahl und der erwähnte Toast desselben hatte bei den Liberalen großes Aergerniß erregt und waren laut getadelt worden: und diese Richtung gewann jetzt bei der Regierung immer mehr Einfluß und suchte durch sie ihre der Kirche feindselige Absichten auszuführen. Es war vorauszusehen, daß unter solchen Umständen der Hirtenstab eine sorgen= und kummervolle Bürde sein werde, daß nicht nur dem Träger desselben Leiden bevorständen, sondern auch, was schlimmer war, daß seine Sorgen und Mühen vielfach vergeblich sein, daß der Geist der Welt immer mehr an Macht gewinnen und immer mehr Glieder der Kirche entfremden werde. Das hatte Bischof Wilhelm wohl vor Augen und er äußerte darum auch, daß der Bischofsstab ihm wohl mehr Dornen als Rosen tragen werde. Dennoch konnte er ihn mit Vertrauen ergreifen. Denn er kannte die Diöcese und ihre Bedürfnisse, wie kein Anderer; sieben Jahre hatte er sie ja bereits geleitet, und sie hatte ihm bei verschiedenen Gelegenheiten ihre Treue gegen die Kirche und ihr Oberhaupt bewiesen. Diese Beweise waren ihm Bürgschaften, daß sie ihn auch in der Zeit der Noth nicht verlassen und sein Wort bei ihr fruchtbaren Boden finden werde. Er kannte die Geistlichkeit und zwar nicht bloß durch den geschäftlichen Ver= kehr — mit Vielen aus ihr hatte er seine Studien gemacht; Mehrere noch waren seine Schüler und durch die Bande der Dankbarkeit ihm verbunden; bei den theologischen Prüfungen, denen er regelmäßig präsidirte, hatte er die Jüngern kennen ge= lernt und hatte sie auch in die Stellungen gebracht, die sie jetzt inne hatten. Er wußte, daß sie insgesammt der Kirche treu ge= blieben waren, während in einigen andern Diöcesen Zwiespalt und Abfall unter dem Klerus die Oberhirten tief betrübten; er durfte hoffen, daß seine Geistlichen auch ferner treu zu ihrem Bischofe halten und gerne seine Mühen und Kämpfe theilen würden.

In einem lateinischen Hirtenbriefe, den er bei der Weihe an sie erließ, erinnerte er sie an die mannigfachen Banden, durch die sie ihm verbunden seien, und bat sie, auch jetzt, wo er als Bischof über ihnen stehe, vereint mit ihm zu wirken und ihm in der Führung des Hirtenamtes beizustehen. Zu ihrer Treue gegen die Kirche ihnen Glück wünschend, forderte er sie auf, auch in jeder andern Beziehung sich als Vorbilder ihrer Gemeinden zu erweisen. Ganz besonders legte er ihnen an's Herz, der Schule sich anzunehmen, und machte sie auf die Gefahren auf= merksam, welche den christlichen Charakter derselben bedrohten. Darum verlangte er, daß sie ihren Einfluß auf dieselbe wahrten

und befestigten, die Lehrer gewännen und für ihr Amt begei=
sterten, und auch die Eltern bewegten, daß diese bei dem Unter=
richte der Kinder mitwirkten oder ihm doch nicht hemmend im
Wege ständen. Diejenigen, welche an den höhern Schulen an=
gestellt seien, sollten nicht bloß die Wissenschaft pflegen, sondern
ihren Zöglingen auch den Geist der Gottesfurcht einpflanzen.
Sodann forderte er sie auf, der schlechten Presse entgegenzu=
treten, ihre Erzeugnisse aus den Gemeinden zu verdrängen und
gute Zeitungen zu verbreiten. Und endlich wohl wissend, was
die christlichen Vereine und klösterlichen Genossenschaften in der
Diöcese wirkten, verlangte er, daß man ihnen Wohlwollen und
Liebe entgegenbringe.

Gleichzeitig erließ er an das kath. Volk einen deutsch ge=
schriebenen Hirtenbrief, der gediegen nach Inhalt und Form be=
sonders darum hier fast ganz seine Stelle finden möge, weil er
in demselben die Grundsätze darlegt, nach welchen er sein Amt
zu verwalten gedachte.

„Geliebte Diöcesanen! Durch die Einmüthigkeit der
dazu berufenen Wähler, unter Zustimmung der höchsten geist=
lichen und weltlichen Obrigkeit, ohne mein Verdienst und ohne
mein Zuthun auf den altehrwürdigen Bischofsstuhl von Hildes=
heim erhoben, und von einem Nachfolger der Apostel soeben ge=
weiht; tief durchdrungen von dem Bewußtsein, wie viel Dank
ich Gott verschulde für alle Güte, die er mir bislang erwiesen
hat, und wie hoher Gnaden ich bedarf zu allem Wichtigen, was
ich fortan hier leisten soll: richte ich heute vertrauensvoll mein
erstes Hirtenwort an Euch. —

Wüßte ich nicht, daß ein Bischof höherer Macht vertrauen
darf, als eigne Kraft und Wissenschaft verleihen; wäre ich mir
nicht bewußt, daß ich in den neuen Wirkungskreis (Joh. 10, 1, 2)
durch die rechtmäßige Thür eingetreten; ja, müßte ich nicht über=
zeugt sein, daß mich der allwissende, allmächtige Gott auf diese
Stelle gerufen hat: so müßte ich im Hinblicke auf die Schwierig=
keit und Verantwortlichkeit des bischöflichen Amtes nicht allein
zagen, sondern verzagen. Verzweifeln müßte ich daran, daß es
meiner Armseligkeit möglich werde, die Bürde zu tragen, die
von der Würde des Bischofs unzertrennbar, die Tüchtigkeit zu
bewähren, welche erforderlich ist, um als würdiger Bischof die
Kirche Gottes zu regieren, die Christus mit seinem Blute er=

worben hat; besonders jene gottgeweihte Kraft, jene Um- und
Einsicht zu bewähren, welche mit Recht von dem gefordert werden,
der den Stuhl eines hl. Bernward, eines hl. Godehard besteigen
will; Werke zu schaffen, zu ihrer Vollendung zu bringen, ja nur
in ihrem Bestande zu erhalten, wie sie mein Vorgänger und
Wohlthäter Eduard Jacob mit seinem wunderbar praktischen
Talente geschaffen und erhalten hat.

Im Hinblicke auf diese und andere Forderungen, welche jetzt
hier an den Bischof gestellt werden, verkenne ich weder die Ge-
ringfügigkeit meiner natürlichen Kräfte, noch unterschätze ich die
Bedeutsamkeit der Ungunst, mit welcher gegenwärtig ein großer
Theil der Welt so klar und offenbar den kirchlichen Interessen
widerstrebt; und dennoch schrecke ich nicht kleinmüthig zurück,
sondern vertraue auf den höhern Beistand dessen, der mich berufen und soeben durch einen Nachfolger der Apostel geweiht
hat. Er, der das Wollen gibt und das Vollbringen, der auch
im Schwachen stark ist, der seine hl. Kirche selbst gegen die
Pforten der Hölle siegreich vertheidigen will, Er giebt auch mir
den Muth, den so Viele vor mir gehabt und bewährt haben,
daß Er die Seinen nicht verläßt, und daß wir (Phil. IV, 13)
Alles in Dem vermögen, der uns stärkt.

Im Vertrauen auf diesen übernatürlichen Beistand, der
durch mein und Euer Beten und Arbeiten errungen und erhalten werden muß; im Vertrauen auf die Personen- und Sach-
kenntniß, die mir Gott auf meinem bisherigen Lebenswege hier
in der Diöcese zugeführt hat; im Vertrauen auf unsern Diöcesan-
Clerus, welcher der Kirche, und deshalb auch dem Bischofe ergeben und hülfreich ist; im Vertrauen auf alle guten Diöcesanen, die auch künftig ihre bisherige Glaubensfestigkeit und
Opferfreudigkeit bewähren werden, eine Opferfreudigkeit, welche
sowohl die besonderen Bedürfnisse unserer Diöcese, als auch die
allgemeinen der gesammten Kirche und besonders die unsers viel-
geliebten hl. Vaters gern in's Auge faßt, — im Vertrauen auf
diese natürlichen und übernatürlichen Hülfsmittel habe ich ge-
schworen, der Kirche und Euch ein guter Bischof zu sein.

Ja, ich will der Kirche ein guter Bischof sein, will un-
verzagt mitarbeiten, daß sie den Beruf erfüllt, den Gott ihr gegeben, den Beruf nämlich, der Welt nicht allein das Bewußtsein
wach zu erhalten, daß es über der natürlichen eine übernatürliche

Weltordnung gibt und daß Gott uns ausreichende Kenntniß der=
selben durch seine Offenbarung, besonders durch unsern Heiland
Jesus Christus gegeben hat, sondern auch diese volle Offen=
barungswahrheit Christi, und seine aus dem Verderben der Welt
erlösende Gnade den Gläubigen zu vermitteln, und durch über=
natürlichen Glauben und durch die Heiligung eines nach diesem
Glauben eingerichteten Lebens den natürlichen Menschen mit
Allem, was er auf dem Wege weltlicher Bildung Gutes und
Schönes gewonnen hat, zu verklären, und ihn zum wahren
Gottesfrieden zu führen, zum Frieden mit Gott, welcher den
Frieden mit sich selbst und mit dem Nächsten naturgemäß in
sich einschließt. —

Ich will Euch ein guter Bischof sein, indem ich mit allen
Kräften danach strebe, daß diese Aufgabe zunächst in der Diö=
cese gelöset werde, für welche mir dieser Hirtenstab in die Hand
gegeben ist.

Ich verstehe die Sprache des Hirtenstabes, der mir heute
in die Hand gegeben ist, damit ich ihn führe nach dem Sinne
der Kirche für die Zwecke der Kirche; ich verstehe die Mahnung
der 62 Bischöfe, welche hier vor mir den Hirtenstab getragen
haben, und die besonders heute mit ernstem Antlitz auf mich
herniederschauen, — heute, wo ich auf den Sitz erhoben bin,
den sie in unmittelbarer Aufeinanderfolge im Verlaufe von
eilftehalb Jahrhunderten inne gehabt haben. Als Nachfolger der
Apostel rufen sie mir zu mit dem Worte des Apostels (I. Tim.
2, 13, 14) „Halte fest an der hl. Lehre, die Du von uns über=
kommen hast, im Glauben und in der Liebe, in Jesus Christus,
und bewahre den anvertrauten Schatz im hl. Geiste, der in uns
wohnt", und (Apostelgesch. XX, 28) „Habe Acht auf Dich und
die ganze Heerde, über welche Dich der hl. Geist zum Bischofe
gesetzt hat, die Kirche Gottes zu regieren, die er mit seinem
Blute sich erworben".

Was diese Vorgänger einst hier waren, soll ich jetzt sein: —
ein treuer Bewahrer unsers hl. Glaubens, ein unverzagter Ver=
theidiger der unveräußerlichen Rechte der Religion und der Kirche,
und ein wachsamer Erhalter und Beförderer eines nach diesem
Glauben und nach diesem Rechte geregelten Lebens, damit so
das Reich Gottes, welches trotz vielfacher Stürme vergangener
Zeiten unter Gottes gnädigem Schutze erhalten ist, auch hier

fürder gedeihe und unverſehrt vererbt werde auf die Zukunft.
Dieſer wichtigen Aufgabe, bei der es ſich zugleich um den hohen
Preis Eures und meines zeitlichen und ewigen Heils handelt,
kann ich nicht anders gerecht werden, als indem ich die Fuß=
tapfen jener ehrw. Vorgänger trete.

Demnach habe ich Euch keine neue Wege zu führen, ſondern
nur den uralten königlichen Weg des heiligen Kreuzes, welchen
unſer Heiland uns gezeigt hat und vorangegangen iſt; habe Euch
keine neue Lehre zu bringen, ſondern nur die uralte, die Gott
ſelbſt uns am Vollkommenſten durch ſeinen Sohn gegeben, und
deren unverſehrte Erhaltung und unfehlbare Erklärung Er ſeiner
Kirche unter dem Beiſtande des hl. Geiſtes für alle Zeiten an=
vertraut hat.

Alles, die Lehre, die Sacramente, den altgewohnten Gottes=
dienſt erhalte und bringe ich Euch, wie und weil es Gott ſo
geordnet hat durch ſeine Kirche; und in dieſer Gotteslehre, in
dieſen heiligen Gnadenmitteln erhalte und befeſtige ich Euch, wie
es gehalten iſt ſeit der Gründung unſerer Diöceſe, die innige,
ſichtbare Gemeinſchaft derſelben einigen, heiligen, allgemeinen
und apoſtoliſchen Kirche, mit ihrer uralten, nie ermüdenden
Mutterliebe und Mutterſorge.

Aber dieſe Mutterliebe und Mutterſorge unſerer hl. Kirche,
die ſich hier ſeit den Zeiten Karl's des Großen und Ludwig's
des Frommen unabläſſig bethätigt hat, kann auf die Dauer nur
dann ihr Ziel erreichen, wenn die Diöceſanen ihr und mir in
der rechten Weiſe entgegenkommen und in der Sorge für ihr
Seelenheil thatkräftig mitwirken. Ihr dürft Euch nicht beirren
laſſen durch kirchenfeindliche Beſtrebungen, mögen dieſe Euch
ſchmeichelnd oder drohend, heimlich oder offenkundig nahe treten;
dürft Euch nicht verleiten laſſen durch perſönliche Sondergelüſte
oder durch die wechſelnden Launen eines gottentfremdenden Zeit=
geiſtes; ſondern müßt feſthalten an der Lehre, wie ſie von der
Kirche durch die Biſchöfe oder die von dieſen beauftragten Geiſt=
lichen mitgetheilt wird: nur ſo ſeid Ihr gewiß, daß Ihr in
Einheit bleibt mit der von Chriſto geſtifteten Kirche, die nur
da iſt, wo der Papſt und die Biſchöfe ſind. Allerdings muß
ſich der Hirt an die Heerde halten, aber auch die Heerde an den
Hirten, und dieſe darf nie vergeſſen, daß der Hirt nicht dazu iſt,
ſich von der Heerde leiten zu laſſen, ſondern dazu, daß e r in

höherem Aufrage und mit der durch die hl. Weihe ihm ver=
liehene Kraft und Vollmacht die Heerde lenke.

Soll die Lehre, die Euch verkündet wird, nicht eine Stimme
des Rufenden in der Wüste sein, so müßt Ihr sie nicht allein
hören, sondern auch annehmen; so darf sie für Euch keine kalte,
todte Wissenschaft sein und bleiben, sondern muß eine lebendige
That werden, die Euer inneres und äußeres Leben durchwirkt
und veredelt. Die Lehre Christi ist (Luc. 12, 49) ein heiliges
Feuer vom Himmel, das nicht allein erleuchten, sondern auch
entzünden will; sie will nicht schöne Worte, sondern gute Hand=
lungen. An seinen Früchten soll man (Matth. 7, 20, 21) den
Christen erkennen. „Nicht jeder, der zu mir sagt: Herr, Herr!
wird in das Himmelreich eingehen, sondern wer den Willen
meines Vaters thut, der im Himmel ist" (Matth. 11, 12).
Das Himmelreich leidet Gewalt, fordert eine thatkräftige Hinweg=
räumung aller Hindernisse des Heils; nur wer diese Gewalt
anwendet, reißet es an sich. Die Lehre des Kreuzes muß Euch
(Eph. 4, 24) zu neuen Menschen machen, nach Gott geschaffen
in Gerechtigkeit und wahrhafter Heiligkeit; denken und handeln
müßt Ihr, wie Christus an Eurer Stelle gehandelt haben würde,
sein Wort und Werk muß Allem, was Ihr denkt und empfindet,
thut und leidet, die göttliche Weihe aufprägen zur christlichen
Vollendung. —

Stehen wir fest in der Einheit und Reinheit unsers heiligen
Glaubens; sind wir gewissenhaft in der Erfüllung der kirchlichen
Vorschriften und besonders im Empfange der hl. Sacramente:
dann wird es uns mit dem Gottesfrieden auch an der Ver=
klärung des natürlichen Menschen und an dem wahren Glück
und wahren Frieden hier auf Erden nimmer fehlen. Durch den
übernatürlichen Glauben wiedergeboren im göttlichen Heilande,
der mit seiner himmlischen Klarheit von der Höhe herabgestiegen
ist zu uns Menschen und sein Licht angezündet hat in seiner
Kirche, damit es fortleuchte bis zum Ende der Tage, sehen wir
in der Klarheit dieses Lichtes, was in und an uns zu ändern,
was zu erstreben und was zu vermeiden ist; sehen, daß und wie
wir in unserm ganzen Leben und Streben den offenbarten
Willen Gottes zum Ausgangs= und Zielpunkte haben müssen;
erkennen alle Dinge, mögen sie uns von Natur oder Kunst und
Wissenschaft, von Liebe oder Haß und Feindschaft geboten werden,

in ihrem Werthe und Unwerthe: und das gibt allen unsern Gedanken und Bestrebungen Einheit, Sicherheit und Klarheit; gibt uns und Allem, was wir hienieden wirken, schaffen und erringen, die wahrhaft christliche Weihe der Verklärung. Auch an der nöthigen Kraft, dieser Einsicht gemäß zu handeln, wird es uns dann nicht fehlen: zu diesem Zwecke gerade bleibt ja unser göttlicher Lehrer und Ernährer fortwährend bei uns, um zu jeder Zeit uns Gnade und Kraft zu geben nach Bedarf. Durch Vergebung der Sünden versöhnt er uns mit Gott und mit uns selbst, macht uns Frieden finden in unserm Innern, und Frieden halten mit unserm Nächsten. Bei diesem Frieden, mit welchem Gott unser Herz beglückt, fühlen wir uns viel zu wohl, als daß wir Freude haben könnten an Unfrieden außer uns. Fern von dem maßlosen Eifer, der gegen Alles, was ihm nicht recht scheint, rücksichtslos anstürmt; der, statt sich auf den eigenen Berufskreis zu beschränken und da gewissenhaft zu ar= beiten, es nicht lassen kann, immer von Neuem auf fremdes Gebiet, das der Wirksamkeit und Verantwortlichkeit Anderer an= vertraut ist, hinüberzuspringen und da zu tadeln und zu streiten; fern von dieser Quelle so vielen unseligen Unfriedens, werden wir nie vergessen, daß unser Nebenmensch ein zu derselben Er= lösung und Beseligung berufener Mitbruder sei, werden Alles thun, wodurch sein Heil befördert, und Alles meiden, wodurch seine Heiligung gefährdet werden kann, werden Geduld haben mit seinen Schwächen, ihn stützen und tragen, werden, auch wenn wir von den Menschen verkannt und angefeindet würden, in dem Bewußtsein, daß unser Vater im Himmel uns kennt, für die Erhaltung des Friedens unermüdet wirken, und nöthigenfalls auch dulden, — und werden es für selbstverständlich halten, daß wir als ordentliche Christen, folgsam der Weisung unserer Kirche, welche die Treue gegen Fürst und Obrigkeit um Gottes willen, und den Gehorsam gegen die staatlichen Gesetze um des Gewissens willen lehrt, mit der Liebe zur Kirche die Liebe zum Vaterlande verbinden, und die Pflichten gegen dasselbe treu und eifrig er= füllen. — Allerdings dürfen wir nicht Frieden rufen, wo nicht Frieden ist, sollen aber auch nicht Krieg rufen, wo kein Krieg ist, und dürfen nicht Frieden schließen durch Verzicht auf unver= äußerliche Rechte, die uns zustehen; aber in dem Bewußtsein, daß ein billiger Frieden ein segensreiches Gut für den Einzelnen und für das Ganze, für Kirche und Staat ist, werden wir ihn nicht brechen ohne Noth), werden einander ertragen in Geduld und mit gegenseitiger Achtung, — und den Kampf, wo er der Pflicht wegen unvermeidlich ist, mit keinen andern Waffen führen als mit denen der Gerechtigkeit und Wahrheit. — —

An die Spitze der Diöcese, in der Mitte von Geistlichen und Laien, von Gliedern und Vertretern der Kirche und des Staates gestellt, soll ich Euch hierbei wie bei der Uebung aller christlichen Tugenden vorangehen in Glaubensfreudigkeit, in Hoffnungsstärke, in Gerechtigkeit, in christlicher Kraft und christ= licher Milde, in unerschütterlicher Treue gegen unsere Kirche und ihre Gebote, in Ehrfurcht, Anhänglichkeit und Treue dem Landesvater gegenüber, in Gehorsam gegen das Gesetz, um dem Kaiser zu geben, was des Kaisers, und Gott zu geben, was Gottes ist. Den Willen, dies zu vollbringen, hat mir Gott gegeben; ich bin fest entschlossen, das Meinige zu thun, und zwar zur Ehre Gottes, im Interesse unserer hl. Kirche, zur Wohlfahrt unseres theuren Vaterlandes, zu Eurem und meinem Seelenheile. Ich bitte Euch, mir dies dadurch zu erleichtern, daß Ihr das Eurige thut, — durch mitwirkendes Gebet und mitwirkende Arbeit. —

Mich in diesem Willen zu stärken, mich in einem Ernste und einer Thätigkeit zu erhalten, wie sie einem Bischofe ziemen, bedenke ich gleich im Anfange das Ende, und will das täglich bedenken; will nie vergessen, wie kurz die voraussichtlich mehr mit Dornen als mit Rosen bestreute Bahn ist, die ich zwischen dem Hinaufsteigen zum Bischofsthrone und dem Hinabsteigen in die Todtengruft zu durchschreiten habe. So oft ich kniee unter der Bernwardskrone in unserm Dome, unfern der Stelle, an welcher wir jüngst in gerechter Trauer einen Gedenkstein ein= gefügt haben für unsern unvergeßlichen Eduard Jakob, will ich nicht allein an die segensreichen Werke denken, welche meine würdigen Vorgänger gestiftet und gefördert haben, sondern will auch die Mahnung mir zu Herzen nehmen, welche der neue Denkstein an mich richtet, die Mahnung: „Sieh, unmittelbar hinter dieser Tafel, unfern der Bank, auf der Du gegenwärtig kniest, wird demnächst eine andere Tafel sagen, daß Du da be= graben bist, — und Dir wird dann nichts geblieben sein, Dir wird nichts nachfolgen, als Deine Werke."

Allmächtiger, allgütiger Gott! segne mich und mein Wirken; segne Alle, die Du mir anvertraut hast; gib, daß ich dereinst, wenn wir vor Deinem Richterstuhle erscheinen, in demüthiger Anbetung Deiner Kraft und Liebe triumphirend sagen kann: „Hier sind die, welche Du mir anvertraut hast; keiner von ihnen ist verloren gegangen, — auch nicht einer." —

Dazu gebe seinen Segen Gott der Vater und der Sohn und der heilige Geist! Amen."

Dem Hirtenbriefe gemäß handelte der neue Bischof. Schon wenige Wochen nach demselben erschien ein neues Hirtenschreiben, in welchem er über die Nothwendigkeit und das Wesen der Buße sprach und mit ernsten Worten zu einer guten Benutzung der heil. Fastenzeit aufforderte. Dann aber, bereits am Osterfeste begann er, das heil. Sacrament der Firmung zu spenden, was in den letzten Jahren wegen der Kränklichkeit des hochseligen Vorgängers und der Sedisvakanz nicht hatte geschehen können. Er durchreiste in diesem und dem folgenden Jahre die Diöcese nach allen Seiten, so daß fast keine Gemeinde mehr übrig ist, die ihn nicht gesehen hätte; auch zu den abgelegenen Missions= gemeinden kam er und erfreute und stärkte sie durch sein Wort wie durch die Ausübung seines Amtes. — Diese Reisen, so mühevoll sie waren, brachten ihm vielen Trost und große Freude. Ueberall, in den rein kath. Gemeinden, wie in den gemischten Orten, selbst in den Missionen ward er in überaus glänzender Weise empfangen; überall zeigten die Katholiken laut ihre Freude, ihren Oberhirten unter sich zu haben, und ihren Willen, treu zu ihm zu halten; sein Empfang sollte zugleich ein Zeugniß ihres Glaubens und ihrer Treue gegen die Kirche sein. Als solches betrachtete auch er die Festlichkeiten und bekannte in dem Fastenmandate des folgenden Jahrs 1873: „Innigen Trost und große Freude hat es mir gewährt, dabei aus der ganzen Hal= tung der Diöcese schließen zu müssen, daß durch die anderweitig beklagenswerthen Stürme der Zeit euer Glaube keineswegs wan= kend gemacht, sondern vielmehr fester und freudiger geworden ist."

Er benutzte aber seine Anwesenheit in den einzelnen Ge= meinden, auch mündlich sie zu belehren und Worte der Ermun= terung an sie zu richten. In den vielen Reden, welche er bei diesen Gelegenheiten hielt, mahnte er besonders zur Treue im

Glauben, einer guten Erziehung der Kinder, und warnte vor der schlechten Presse. Nicht minder wirkte er durch seine Freund=lichkeit und Herablassung, mit der er sich unter das Volk mischte und mit einem Jeden unterhielt; und manche seiner Worte, die er dort zu den Einzelnen sprach, haben einen ebenso tiefen Ein=druck gemacht, als jene, welche er vom Altare oder von der Kanzel aus redete. So war sein Erscheinen in der Diöcese von vielfachem Segen begleitet.

Noch in anderer Hinsicht sorgte er für das Wohl derselben. Eines der größten Verdienste seines Vorgängers bestand in der Gründung von Missionen; er setzte das Werk fort. Im ersten Jahre seines Amtes sandte er einen Geistlichen nach dem meh=rere Stunden von Hamburg entfernt gelegenen Stade, wo früher nur wenige Male im Jahre Gottesdienst gehalten wurde. Zu=gleich half er dem dringenden Bedürfnisse nach einer zweiten Kirche in Hannover ab. Die kath. Gemeinde daselbst zählt über 6000 Seelen; dazu kommen nahe an 3000 kath. Soldaten, welche dort in Garnison liegen, und im Sommer eine Unzahl Arbeiter vom Eichsfelde. Alle diese waren auf eine einzige, nicht einmal große Kirche angewiesen. Viele konnten daher, selbst wenn sie wollten, ihrer religiösen Pflicht an Sonn= und Festtagen nicht genügen. Darum sorgte er, daß in der Vorstadt Linden, wo allein gegen 2000 Katholiken wohnen, ein Local gewonnen wurde, in dem vorläufig Gottesdienst gehalten werden sollte, und stellte dort einen besonderen Geistlichen an. Zugleich erwarb er um schweres Geld einen Bauplatz für eine neue große Kirche, die dem Bedürfnisse der Lindener Gemeinde entspräche, und ließ sogleich den Bau derselben beginnen. Und jetzt ist sie, — ein herrlicher gothischer Bau, — bereits vollendet Dank der Opfer=willigkeit der Gemeinde, dem Eifer und practischen Sinne ihres Kaplans, der durch Sammlungen, Ueberwachung der Handwerker und geschickte Benützung aller günstigen Umstände die Ausfüh=rung förderte, und der angelegentlichen Fürsorge des Bischofs, der für die fehlenden Geldmittel sorgte. Nach Ablauf von kaum einem Jahre nach der Grundsteinlegung ward sie in feierlichster Weise eingeweiht und dem Gottesdienste übergeben.

Eine Herzensangelegenheit war dem Hochw. Bischofe die Unterstützung des heil. Vaters. Schon oft hatte er deßwegen, bereits als General=Vikar, die Diöcesanen aufgefordert, die Noth desselben zu lindern; und die Wirkung seiner Worte hatte wohl jedes Mal seine Erwartungen überstiegen. Bei der dauernden Verlassenheit des Papstes und seiner noch wachsenden Bedrängniß lag ihm daran, demselben in seiner Diöcese auch eine dauernde Unterstützung zu verschaffen. Darum beschloß er die Bruderschaft des heil. Michael einzuführen, die ja diesen Zweck hat. In dem Hirtenbriefe vom 5. Mai 1872 wandte er sich wieder an seine Heerde, schilderte ihr in eindringlichen Worten die Größe der Noth, in welcher der heil. Vater sich befinde, und ermahnte sie zum Gebete für ihn, „dem seine Tiara zur dreifachen Dornen= krone geworden ist und der zur Freude seiner Kinder und zum Verdrusse seiner Widersacher so mild und ergeben und zugleich so felsenfest in unerschütterlicher Würde dasteht — ein hoch= ragender Leuchtthurm für die ganze Welt." Er erinnerte sie daran, daß der Peterspfennig jetzt nicht mehr bloß eine Liebes= pflicht für die Katholiken sei, sondern eine pflichtmäßige Hülfe, die Gott von uns zur Erhaltung und Regierung seiner Kirche fordere, eine Gabe, die nicht der Person des heil. Vaters gelte, sondern seiner oberhirtlichen Würde und seiner Wirksamkeit für die ganze Kirche gebühre. — Sein Wort war wieder nicht ver= gebens, groß war in allen Gemeinden die Zahl derer, die sich aufnehmen ließen, und aus den kleinen Beiträgen derselben wurden Summen, die man nicht erwartet hatte. — Dem Al= mosen aber, das so die Diöcese bringt, wird auch der Segen des Almosens nicht fehlen; wie sie durch dasselbe ihre Treue gegen die Kirche bewährt, so wird auch der Herr treu ihr bei= stehen und in den Gefahren Schutz gewähren, welche jetzt sie bedrohen.

In dem Hirtenbriefe an den Klerus hatte der Hochw. Bischof demselben die Pflege der Schule und die Förderung der kirchlichen Vereine und Genossenschaften empfohlen. Welches Interesse er an der ersteren nehme, bekundete er auch dadurch, daß er bald nach seiner Weihe das Gymnasium Josephinum in= spicirte; und ebenso pflegte er die Volksschulen der Gemeinden zu besuchen, in welche ihn die Firmungsreisen führten. Er ehrte die General=Versammlungen des Vincenz= und des Elisabeth= Vereines durch seine Gegenwart und bestärkte die Mitglieder der= selben durch ermunternde Ansprachen in ihren edlen Bestrebungen. Auch den Orden erwies er, wo er konnte, seine Fürsorge. Er

konnte freilich die Maßregeln der Regierung gegen sie nicht hin=
dern und mußte den Schmerz erleben, daß man ihnen die
Schulen nahm, die sie doch mit dem besten Erfolge geleitet
hatten. Auch die Lazaristen=Patres mußten fort, die nicht bloß
durch die Leitung des Knaben=Convictes, sondern auch durch ihre
Thätigkeit im Beichtstuhl und auf der Kanzel, als Missionäre
und Exercitienmeister so unendlich viel Gutes gethan und sich
bleibende Verdienste um die Diöcese erworben hatten. Sie sind
gegangen und setzen in andern Ländern und Welttheilen ihr
stilles, segensreiches Wirken fort — aber die Stätten, wo sie
arbeiteten, das Gute, das sie vollbracht, das Bedürfniß so Vieler
nach geistlichem Trost und Rath, dem sie entgegenkamen, und
das sich jetzt anderwärts Befriedigung suchen muß, erinnern fort
und fort an sie — ihr Andenken wird gesegnet bleiben! Doch
ihre Vertreibung war erst der Anfang schwererer Prüfungen;
sie führt mich auf das Verhalten des Bischofs in dem gegen=
wärtigen Conflicte der Staatsgewalt gegenüber. Die Grundsätze,
die er in dieser Beziehung befolgen wollte, hatte er bereits in
seinem ersten Hirtenbriefe an das Volk ausgesprochen. „Aller=
dings dürfen wir nicht Frieden rufen, wo nicht Frieden ist,
sollen aber auch nicht Krieg rufen, wo nicht Krieg ist, und
dürfen nicht Frieden schließen durch Verzicht auf unveräußerliche
Rechte, die uns zustehen. Aber in dem Bewußtsein, daß ein
billiger Frieden ein segensreiches Gut für den Einzelnen, wie
für das Ganze, für Kirche und Staat ist, werden wir ihn nicht
brechen ohne Noth, werden einander tragen in Geduld und
gegenseitiger Achtung — und den Kampf, wo er der Pflicht
wegen unvermeidlich ist, mit keinen andern Waffen führen, als
mit denen der Gerechtigkeit und Wahrheit.“

Er liebte also den Frieden und suchte ihn zu erhalten —
mit vollstem Rechte. Denn wenn überall der Frieden zum Ge=
deihen des kirchlichen Lebens nothwendig ist, so besonders in
seiner Diöcese. Die getrennten Theile derselben sind ja ohnehin
schon genug Gefahren ausgesetzt, die anderwärts unbekannt oder
doch leichter abzuwenden sind. Die Vereinzelung der Katholiken
begünstigt die religiöse Gleichgültigkeit, gibt namentlich Anlaß
zu so vielen gemischten Ehen und ist ein schweres Hinderniß,
daß das kirchliche Leben wach erhalten werde. Es bedarf stets
großer Wachsamkeit und unermüdeten Eifers der Geistlichen, die

Gemeinden zusammen zu halten. Mit großen Opfern waren darum auch Missionen errichtet und Orden eingeführt; man hatte den letztern Schulen und Wohlthätigkeits-Anstalten über=geben, um den Einfluß der Kirche auf das Volk zu erhalten. Wie nun, wenn der Sturm der Zeit niederriß, was man mit so vieler Mühe aufgebaut hatte; wenn der Staat seine Macht aufbot, um den Einfluß der Kirche auf die Schule und das Leben zu hemmen! Welche Folgen der Streit haben kann, das hat sich in den letzten Jahren schon genug gezeigt! Hier fehlt zudem, was in Ländern mit einer dichten kath. Bevölkerung einen, wenn auch schwachen Ersatz gibt. Dort haben die Katho=liken doch einen Halt aneinander; sie ermuntern sich gegenseitig durch ihr Beispiel; das ganze Leben ist ein christliches und nach den Gesetzen der Kirche geordnet. Die Religion, die so allgemein zur Ausübung gekommen ist, kann darum nicht so leicht ihren Einfluß verlieren. In einer Diöcese dagegen, die größtentheils zur Diaspora gehört, muß die Kirche voraussichtlich großen Schaden erleiden; darum suchte der Hochw. Bischof ihr den Frieden und den Schutz des Staates so lange als möglich zu bewahren.

Er wollte auch dann noch seinerseits jeden Zwiespalt fern=halten, als der Staat durch das Gesetz vom 11. März 1872 das Recht der Schulaufsicht für sich allein in Anspruch nahm, die Pfarrer demgemäß nur als seine Beamte sie ausüben, darum aber auch derselben enthoben werden sollten, sobald es ihm be=liebte. Da man ihnen gestattete, den Religions=Unterricht fort zu ertheilen, und Anfangs noch die Aufsicht belassen wollte, so glaubte der Bischof, daß die Kirche auch jetzt noch, wenn nicht gesetzlich, so doch thatsächlich ihre Rechte in der Schule ausüben könne. Wie er darum erfuhr, daß Manche aus dem Klerus im berechtigten Unwillen über das der Kirche zugefügte Unrecht jeder Sorge um die Schule entsagen wollten, sprach er in einem Schreiben an sie seinen Willen aus, „daß die hochw. Geistlichkeit dem an sie ergehenden staatlichen Auftrage zur Beaufsichtigung der Schulen vor der Hand sich nicht entziehe; sondern daß sie vielmehr die Pflichten dieses für die Heranbildung unserer kath. Jugend so wichtigen Amtes mit verdoppelter Sorgfalt erfülle, um keinen begründeten Anlaß zu Aenderungen des nun be=stehenden Zustandes zu geben." Sein Vorgehen fand die Billi=

gung der übrigen preußischen Bischöfe, die von Fulda aus ein
gemeinsames Schreiben an ihren Clerus erließen und ihm darin
ein ähnliches Verhalten empfahlen; und der Erfolg rechtfertigte
es nicht minder; denn in unserer Diöcese wenigstens üben bis
jetzt fast ausnahmslos Geistliche die Schulaufsicht aus.

Im Jahre darauf erschienen die bekannten Maigesetze, durch
welche, wenn sie katholischerseits zur Anerkennung gelangten,
die Kirche in Preußen aus ihrem organischen Zusammenhange
mit Rom losgetrennt und unter die Herrschaft des Staates gebracht werden würde. Sollte sie die ihr von Gott gegebene
Stellung bewahren, so mußten die Bischöfe diesen Gesetzen den
Gehorsam versagen, ohne Rücksicht auf die Folgen, welche daraus
für sie wie die ihnen anvertrauten Diöcesen entstehen möchten,
dem Herrn der Kirche die Sorge für sie überlassend. Bischof
Wilhelm hatte von vornherein in Uebereinstimmung mit den
übrigen preußischen Bischöfen, gemeinsam mit ihnen Schritte
gethan, um die Gesetze abzuwenden, an das Staats-Ministerium,
wie an die Landes-Vertretung sich gewandt und ihnen gezeigt,
daß dieselben im schroffsten Gegensatze zu den Rechten der Kirche
ständen: als sie dennoch verkündet wurden, erklärte auch er, daß
er „nicht im Stande sei, zum Vollzuge der am 15. Mai publi-
zirten Gesetze mitzuwirken."

Die Ausführung derselben ließ in der Hildesheimer Diöcese
länger auf sich warten, als in den meisten übrigen. Es ward
zwar die Pfarrei zu Goslar erledigt, aber der zweite dort an-
gestellte Geistliche konnte noch unangefochten die Leitung derselben
übernehmen. Da man auch zögerte, die Revision des Priester-
seminars und der mit ihm verbundenen theol. Fakultät anzu-
ordnen, so entstand sogar hier und da der Verdacht, der Hochw.
Bischof sei seinem Worte untreu geworden und es sei ein Weg
gefunden, auf dem die Regierung ihren Willen durchsetzen könne,
ohne daß er ihr entgegen zu treten brauche. Schon jubelten
liberale Blätter, daß er die Rechte des Staates anerkannt habe;
selbst kath. Zeitungen verbreiteten den Verdacht. Er war tief
durch diese Unbill gekränkt; indeß er schwieg, um, wie es sein
Grundsatz ist, durch Thaten zu zeigen, daß er auch das andere
bei der Weihe gesprochene Wort zu halten gedenke: „nicht Frieden
zu schließen durch Verzicht auf unveräußerliche Rechte der Kirche."
Bald sollte ihm dazu Gelegenheit in Fülle gegeben werden.

Ende September starb der Pfarrer von Grasdorf und An=
fang October der von Seulingen; ein zweiter Geistlicher befand
sich nicht in den Gemeinden, der ungehindert die Pastorirung
derselben fortsetzen konnte. Der Bischof stellte sogleich Pfarr=
Verweser an, ohne dem Oberpräsidenten davon Anzeige zu
machen; und nun traten auch die bekannten Folgen ein: man
untersagte den Pfarr=Verwesern die Vornahme geistlicher Amts=
handlungen und forderte ihnen die Kirchenbücher ab. Da sie
diese nicht herausgaben und die angestellten Haussuchungen er=
folglos waren, wurde die Anklage gegen sie erhoben, daß sie
öffentliche Urkunden bei Seite geschafft hätten. Beide wurden
in der ersten Instanz frei gesprochen, wie denn der Anspruch der
Regierung auf die Auslieferung der Kirchenbücher auch nicht zu
verstehen ist. Sie sind, wie schon der Name sagt, Eigenthum
der Kirche und werden in ihrem Interesse von den Pfarrern
geführt. Dem Interesse des Staates, die jährlich vorkommenden
Geburten und Todesfälle zu erfahren, wurde dadurch genügt,
daß den Behörden eine Abschrift von den Listen und zwar gegen
eine Vergütung eingesandt wurde. Trotzdem verlangte man die
Herausgabe derselben und processirte Geistliche, die das Eigen=
thum der Kirche nicht preisgeben wollten. Nach dem ersten
freisprechenden Urtheile appellirte der Staatsanwalt an die
zweite Instanz. Auch diese bestätigte in dem einen Falle das
erste Urtheil; während in dem anderen der Verklagte durch das
Obergericht zu Göttingen zu vier Wochen Gefängniß oder
50 Thlr. Strafe verurtheilt wurde. Dagegen indeß appellirten
sowohl der Pfarr=Verweser wie der Staatsanwalt an das Ober=
tribunal, welches die letzte Entscheidung dem Obergerichte zu
Hannover übertrug; und dieses sprach den Verklagten zwar von
der Beschuldigung frei, die Kirchenbücher bei Seite geschafft zu
haben, verurtheilte ihn aber doch, weil er Auszüge aus denselben
ausgefertigt habe!

Nicht verschwiegen soll die Härte bleiben, mit welcher man
in dem ersten Falle die Untersuchung betrieb. Der Dekan, in
dessen Bezirk die Pfarrei Grasdorf gehört, hatte eine außer=
ordentliche Revision der Kirchenbücher derselben vorgenommen
und dem Pfarr=Verweser das Zeugniß ausgestellt, daß er sie
ganz der Vorschrift gemäß aufbewahrt und weiter geführt habe.
Dasselbe wurde dem Gerichte übersandt zum Beweise, daß die

Kirchenbücher nicht, wie der Staatsanwalt behauptete, bei Seite geschafft seien. Nun aber verlangte man von dem Dekan, daß er angebe, wo dieselben sich befänden; und als er es verweigerte, wurde er in's Gefängniß gesperrt, trotzdem er in hohem Grade an der Schwindsucht litt und von den Aerzten bereits aufgegeben war — er starb auch bald darauf.

Sobald die Kunde von seiner Inhaftirung nach Hildesheim drang, eilte der Bischof persönlich an Ort und Stelle, um wo möglich zu helfen. Brieflich machte er dem Dekan klar, wie weit jeder Unterthan zur Ablegung eines von der Obrigkeit verlangten Zeugnisses gesetzlich verpflichtet sei; daß er mit Gefängnißstrafe dazu gezwungen werden dürfe, auszusagen, wo er die Kirchen= bücher bei der Revision gefunden habe, daß er aber nicht ver= pflichtet werden könne, anzugeben, wo dieselben jetzt sich befänden, wenn daraus Nachtheil für seine Person sich ergeben würde. Hierauf bekannte er, daß er sie in der Kirche unter den Stufen des Altares gefunden habe, und wurde entlassen. Tags darauf wurde bei ihm selbst Haussuchung gehalten, aber auch ohne Er= folg; erst bei einer später wiederholten Haussuchung wurden sie gefunden und auf Weisung des Oberpräsidenten dem königlichen Consistorio zu Hildesheim übergeben.

Auch die Kirchenbücher der andern erledigten Pfarrei wurden endlich, nachdem man sie lange vergeblich gesucht hatte, an das Consistorium auf Verlangen des Oberpräsidenten ausgeliefert. Derselbe stützte sich dabei auf die noch von hannöverischer Zeit her geltende Verordnung, nach welcher dem Bischof das Aufsichts=, dem Consistorio aber das Oberaufsichtsrecht über die Kirchen= buchführung zusteht. Seinem von dem Consistorio selbst über= mittelten Verlangen mußte Folge geleistet werden, wenn man sich nicht dem gegründeten Vorwurfe aussetzen wollte, daß man jetzt Vorschriften den Gehorsam versage, denen man vor den sogen. Maigesetzen ohne Anstand nachgekommen wäre.

Wegen der Pastoration aber, welche die Pfarr=Verweser, so lange sie noch die Freiheit hatten, ohne Unterbrechung fort= setzten, wurden sie fort und fort zu immer höhern Strafen ver= urtheilt. Da sie jedesmal appellirten, erreichten sie wenigstens, daß die Execution der Urtheile bis in den Sommer des folgenden Jahres hinausgeschoben wurde. Den hochw. Bischof selbst traf wegen ihrer Anstellung eine Strafe von je 200 Thlr. Die ein=

gelegte Berufung hatte auch nur die Folge, daß die Ausführung der Urtheile verzögert wurde. Am 15. April d. J. fand die erste Zwangs-Vollstreckung in der bischöflichen Curie statt, und am 2. Juli die zweite: der beauftragte Gerichtsvoigt durchsuchte die Secretaire des Bischofs und bemächtigte sich der Strafsumme und der Gerichtskosten.

Inzwischen hatte die Regierung auch die Bestimmungen der Mai-gesetze, welche die Priesterseminare betreffen, in der Diöcese zur Aus-führung gebracht. Schon im Sommer 1873 hatte der Oberpräsident der Provinz Hannover verschiedene Anfragen wegen des Priestersemi-nars in Hildesheim und der mit ihm verbundenen philosophisch-theologischen Lehranstalt gestellt, welche, soweit dieses ohne Gefähr-dung des kirchlichen Standpunktes thunlich war, beantwortet wurden. Indeß konnte es sich der Bischof hierbei nicht versagen, von vornherein auf die Stellung hinzuweisen, welche die preußischen Bischöfe in dem bekannten Collectivschreiben vom 26. Mai 1873 den Maigesetzen und insbesondere den Bestimmungen über die Seminarien gegenüber eingenommen hatten. Ueber diesen Schrift-wechsel verlief das Sommersemester, ohne daß weitere Schritte regierungsseitig geschahen, noch auch wegen der Ferien geschehen konnten. Allein nicht lange nach Beginn des Wintersemesters fanden sich im Seminare zwei Regierungs-Commissare ein, um eine Revision desselben vorzunehmen. Die von den Commissarien über verschiedene Verhältnisse der Anstalt gewünschte Auskunft wurde bereitwillig ertheilt; dem Verlangen aber, die Vorlesungen zu besuchen, wurde nicht willfahrt. Obwohl somit in dieser An-gelegenheit Alles kirchlicherseits geschehen war, was die unver-äußerlichen Rechte der Kirche zuließen, war der Bischof doch darauf gefaßt, daß auch dem Hildesheimer Seminare wie den übrigen im Königreiche die staatliche Anerkennung werde entzogen werden. Allein es sollte viel schlimmer kommen. Mehrere Wochen vergingen, ehe etwas über sein Schicksal verlautete; schon erwachte hie und da die Hoffnung wieder, man werde es bestehen lassen, zumal da es im J. 1834 gemäß einem Ueber-einkommen zwischen dem derzeitigen Bischofe und der hannöverschen Regierung neu organisirt und die damals aufgestellten Bestim-mungen seither stets innegehalten waren. Doch am 8. Dezember schrieb der Oberpräsident dem Regens Dr. Koch, der Kultus-minister habe verfügt, weil die Revision in einem wesentlichen

Theile unvollständig gewesen sei, so solle das Seminar und die Fakultät am 31. Dezember geschlossen und die bisher vom Staate zu ihrer Unterhaltung gezahlten Gelder, jährlich ca. 4000 Thlr., innebehalten werden.

Vierzig Jahre hatte die Lehranstalt seit ihrer Reorganisation bestanden; tüchtige und unter ihnen einige in ganz Deutschland bekannte Männer hatten an ihr gewirkt — ich nenne nur den Regens Dr. Alzog, jetzt Professor und Geistlicher Rath zu Frei= burg i. B., Verfasser des verbreitetsten Handbuches der Kirchen= geschichte; Dr. Mattes, zur Zeit Stadtpfarrer zu Weingarten in Württemberg, ausgezeichnet als Gelehrter und als Regens, und den Schulrath Dr. Hagemann, Verfasser „der Römischen Kirche in den ersten drei Jahrhunderten." Der ganze Klerus der Diö= cese, der in den Kämpfen der Gegenwart so treu zur Kirche hält, war an ihr gebildet. Auch sie war jetzt ein Opfer des Kirchenstreites geworden. — Die Regierung hatte die Forderung gestellt, daß ihre Commissäre die Vorlesungen anhören und die Befähigung der Professoren prüfen sollten: eine Forderung, die nur das Recht des Staates zum Ausdruck bringen sollte, die Bildung der Geistlichen zu überwachen, und darum die Freiheit der Kirche beeinträchtigte. Weil man eine solche Zumuthung zurückwies, darum ward die Anstalt geschlossen ohne Rücksicht auf die Lehrer, deren Thätigkeit gehindert und deren Einkommen geschmälert wurde, ohne Rücksicht auf die Studirenden, die von jetzt an nur mit bedeutenden Mehrkosten an andern Orten auf ihren Beruf sich vorbereiten konnten. Die Aufhebung des Seminars traf aber nicht sowohl mehr Einzelne, als die ganze Diöcese, und wurde tiefer als alles bisher Geschehene empfunden: denn Jeder sah, daß nun bald der drückendste Priestermangel eintreten müsse und die Lücken, welche der Tod unter der Geistlichkeit riß, nicht würden ausgefüllt werden können.

Am tiefsten fühlte, wie zu erwarten, der hochw. Bischof den Verlust des Seminars; auf ihm lastete ja vor allem die Sorge für das geistliche Wohl der Diöcese, das er schwer gefährdet sah. Dazu kam die Pflicht, für den Unterhalt der Professoren und die weitere Ausbildung der Seminaristen und Studirenden zu sorgen. Die letzteren schickte er sogleich nach Münster, damit sie ihre Studien ohne Unterbrechung fortsetzen konnten, und den

Seminaristen verschaffte er Aufnahme in das Seminar zu Dil=
lingen. Auch für die Professoren wußte er ausreichenden Unter=
halt zu finden. Seine Bemühungen jedoch, sich den Besitz der
Seminar=Gebäude zu erhalten und in denselben das sogen.
Priester=Institut wieder herzustellen, schlugen fehl. Bevor näm=
lich das Seminar in sie verlegt war, dienten sie als Emeriten=
und Demeriten=Haus. Zugleich wohnten dort mehrere Geistliche,
welche den Gottesdienst in der mit ihm verbundenen Kirche be=
sorgten und Aushülfe in der Seelsorge leisteten. Für die Unter=
haltung des Institutes hatte die hannöver'sche Regierung jährlich
ca. 1900 Thlr. gezahlt. Dasselbe ging später als solches zwar
ein, als das Priesterseminar in die Gebäude verlegt wurde, aber
die Verpflichtungen desselben wurden von diesem forterfüllt: de=
merirte Geistliche wurden nach wie vor aufgenommen, und der
Gottesdienst in der Kirche sowie die Aushülfe wurde von den
Professoren und den ausgeweihten Seminaristen besorgt. Auch
zahlte die Regierung die erwähnten Gelder an den Regens des
Seminars fort. — Der Bischof forderte nun, daß dieselben auch
jetzt weiter entrichtet würden, damit die frühere Einrichtung
wieder hergestellt werden könne. Er wurde jedoch abschläglich
beschieden; denn das Priester=Institut sei bei der Verlegung des
Seminars ausdrücklich aufgehoben, nicht mit demselben verbunden,
und die für seine Unterhaltung angewiesene Summe sei für das
letztere bestimmt worden; somit habe die Regierung jetzt keine
Verpflichtung mehr, sie weiter zu zahlen. Auch die Gebäude
nahm sie als ihr Eigenthum in Anspruch, überließ sie jedoch
bis auf Weiteres dem Bischof zur Benutzung, weil das Seminar
vorerst nur geschlossen, noch nicht aufgehoben sei; und zur bau=
lichen Unterhaltung derselben wies sie den kleinen Betrag von
130 Thlr. an, dessen Zahlung zudem auf einem besonderen Ver=
trage v. J. 1839 beruhte. So konnten doch die Professoren,
welche nicht andere Stellungen erhielten, in ihren Wohnungen
bleiben, und der Gottesdienst in der Seminarkirche fortgesetzt
werden. [1])
In dem Kummer und den Sorgen, welche die Schließung
des Seminars dem Bischof verursachte, fand derselbe großen

---

[1]) Kürzlich ist indeß auch den Professoren, die noch im Seminare weilten,
die Wohnung gekündigt worden und dasselbe von der Regierung vollständig in
Besitz genommen.

Trost in einem Schreiben des heil. Vaters, der ihm für einen bedeutenden Peterspfennig, den Ertrag der Michaels=Bruderschaft, dankte und seine Standhaftigkeit rühmend anerkannte. „Deine und Deiner ehrwürdigen Brüder", so schrieb er u. A., „sowie des Klerus und des gläubigen Volkes Standhaftigkeit, mit der ihr in dem so gewaltigen Sturme der Verfolgung unbeweglich feststehet und ein Schauspiel für die Welt, die Menschen und die Engel geworden seid, gewährt uns außerordentlichen Trost und Stärke. In dem Geschenke aber, das Deinem Schreiben beigefügt war und das von Deiner Heerde trotz der so schwierigen und ungünstigen Zeitverhältnisse gesammelt ist, haben wir ein Zeichen einer so heißen Liebe gegen diesen heil. Stuhl erblickt, daß wir davon ganz gerührt wurden und darin das glückliche Vorzeichen eures Sieges sahen. Denn da die Pforten der Hölle nichts gegen diesen heiligen Stuhl vermögen, so wird ein Jeder, der auf ihn sich fest stützt, triumphiren."

Diese ermuthigenden Worte und der Segen des heil. Vaters stärkten den hochw. Bischof, den Kampf mit derselben Ruhe und Standhaftigkeit, wie bisher, fortzusetzen. Gleichzeitig mit dem herrlichen gemeinsamen Schreiben der preußischen Bischöfe vom Febr. 1874, in welchem sie die Berechtigung ihres Widerstandes gegen die Maigesetze darlegten und das kath. Volk zum treuen Ausharren ermahnten, erließ er noch einen besondern Hirtenbrief an seine Diöcesanen, in welchem er von dem Kampfe sprach, welchen die Kirche schon seit ihrem Bestande mit der ungläubigen Welt geführt hat. Derselbe habe kommen müssen; denn der Herr habe ihn vorausgesagt, und er sei mit Nothwendigkeit aus dem schneidenden Gegensatze entstanden, in welchem die Kirche zur Gott entfremdeten Welt stehe. Aber er werde auch ebenso nothwendig mit dem Siege der Kirche endigen; denn sie sei bestimmt der Menschheit den Glauben an die göttliche Wahrheit zu erhalten, die Gnade Christi zu vermitteln und sie dadurch zu heiligen; und sie erfreue sich bei diesem Streite des Beistandes des allmächtigen Gottes, der ihr den Sieg verheißen. Diesen Sieg sollten aber die Gläubigen mitkämpfen; denn die Siege der Kirche beständen der Hauptsache nach im Siege der Glieder; sie, die Mutter, werde gekrönt, indem ihre treuen Kinder die verdiente Krone empfangen. Er forderte darum die Diöcesanen auf, die Waffen zu gebrauchen, durch welche hauptsächlich der

Sieg errungen wird, und deren Kraft noch lange nicht genug zum Bewußtsein gekommen ist — nämlich gewissenhaft nach den Grundsätzen des Christenthums zu leben und darum auch dem Gegner Liebe zu erweisen. Denn „diesen Sieg der Kirche denken wir uns keineswegs als einen Triumph, der herbeigeführt wird durch die Waffen der Gewalt, oder dessen Hauptglanz in der anerkannten und zur Schau gestellten Schwäche und Schmach der Widersacher besteht. Gott bewahre uns vor so falschen Begriffen und vor so unchristlichen Wünschen! bewahre uns vor jedem Schritte, der revolutionär genannt zu werden verdiente; bewahre uns vor jedem Hauche des Hasses, der Schadenfreude und des Uebermuthes; erhalte und stärke uns vielmehr den Sinn, der mit S. Stephanus denkt: „Herr, verzeihe ihnen, sie wissen nicht, was sie thun.", und der mit unserer ganzen Kirche den Tag der Erleuchtung von Damaskus über ihre Verfolger herabfleht — wo aus einem Saulus ein S. Paulus wurde."

Sobald dann der Frühling kam, begann der hochw. Bischof auch wieder die Diöcese zu durchreisen; er suchte namentlich die Gemeinden auf, welche in der letzten Zeit besonders gelitten hatten, um sie durch sein persönliches Erscheinen und sein Wort in der Treue gegen die Kirche zu befestigen. Am zweiten Ostertage celebrirte er in Grasdorf, einer armen Gemeinde, deren Glieder ganz zerstreut unter Andersgläubigen leben, und die grade in der österlichen Zeit des Gottesdienstes entbehren mußte, weil der Pfarr=Verweser wegen seiner Pflichttreue im Gefängnisse saß. Ein eigenthümliches Zusammentreffen war es, daß der Bischof bei seiner Rückkehr nach Hildesheim den Zahlungs=Befehl der Strafe vorfand, welche er wegen der Anstellung dieses Pfarr=Verwesers zahlen sollte. Am 2. August wiederholte er seinen Besuch und belehrte die Gemeinde, was sie zu thun habe, wenn an einem Sonn= und Feiertage kein Geistlicher das heil. Opfer in ihr darbringen könne. Er fand aber auch die Genugthuung, daß in der Gemeinde — der ersten, bei welcher man den Versuch machte, einen neuen Pfarrer ohne Mitwirkung des Bischofs einzusetzen, nicht einer sich fand, der auf die Wahl desselben antrug. — In der Woche vom 3.—10. Mai reiste er nach dem Eichsfelde, um mehrere Kirchen zu consecriren; zugleich besuchte er die verwaiste Gemeinde Seulingen, und die Missionen Herz=

berg und Klausthal im Harz, wo gewiß seit der Reformation kein Bischof wieder gewesen war.

Diese Reisen gestalteten sich zu wahren Triumphzügen. Das kath. Volk erkannte den Zweck derselben sehr wohl und benutzte sie, um dem verehrten Oberhirten seine Anhänglichkeit so feierlich als möglich zu bezeugen. War es ja vielleicht das letzte Mal, daß er in seiner Mitte weilte, zu ihm sprach und ihm seinen Segen ertheilte. Alle Ortschaften, die er berührte, waren festlich geschmückt; überall traten ihm Deputationen entgegen, welche im Namen der zahlreich versammelten Gemeinden gelobten, daß sie ihren Glauben treu bewahren würden. In Duderstadt hatten sich mehrere tausend Männer aus der Stadt und vom Lande versammelt, welche ihm durch ihre Sprecher versicherten, daß die Katholiken des Eichsfeldes sich in vollster Uebereinstimmung mit ihrem Bischofe befänden. Selbst liberale Blätter mußten gestehen, daß diese Kundgebungen des kath. Gefühls wahrhaft großartig gewesen seien. Den würdigen Abschluß fanden dieselben bei der Feier der Lindener Kirchweihe im Herbst d. J. Diese wurde für die Katholiken von Hannover und Linden zu einem doppelten Freudenfeste, da der hochwürdigste Herr bei dieser Gelegenheit zum erstenmale als Bischof zu ihnen kam und zugleich das hl. Sacrament der Firmung spendete. Mit nicht zu beschreibendem Jubel ward er von ihnen empfangen und in lautester Weise gaben sie ihm — Angesichts ihrer akatholischen Mitbürger — die Gefühle ihrer Liebe und Anhänglichkeit kund.

Unmittelbar darauf traten weitere Folgen des Conflictes hervor. Schon im August des Jahres war der Bischof von dem Oberpräsidenten aufgefordert, bei Strafe von 200 Thlr. die seit einem Jahre erledigte Pfarrei Goslar zu besetzen oder um Frist-Verlängerung zu bitten. Da er weder das eine noch das andere that, so wurde ihm einige Tage nach der Rückkehr von Linden eröffnet, daß er die Strafe bis zum 15. Oct. einzuzahlen habe; sonst werde man sie zwangsweise einziehen; und eine weitere Strafe von 400 Thlr. wurde ihm angedroht, falls die Besetzung der Pfarrei nicht bis zum 1. Nov. geschehen sei. Die Versuche, diese sowie die Anstellung von Pfarrern in den übrigen verwaisten Gemeinden durch immer höhere Geldstrafen zu erzwingen, blieben ganz erfolglos; weder leistete der Bischof der

Aufforderung des Präsidenten Folge, noch zahlte er die verfügten Strafen.

So ist denn zu erwarten, daß der hochw. Bischof bald das leidensvolle, aber auch ruhmreiche Loos der Bischöfe von Posen und Paderborn theilen wird; schon seit Anfang d. J. 1875 ist ihm sein Gehalt entzogen; die Ausweisung aus seiner Wohnung steht nahe bevor, und voraussichtlich wird er auch von Seiten des Staates seines Amtes entsetzt, der Freiheit beraubt oder aus dem Vaterlande verwiesen werden. Doch was auch kommen mag, allem sieht er mit der Ruhe entgegen, welche das Bewußt= sein verleiht, den Frieden so lange als möglich erhalten, aber auch kein Recht der Kirche preisgegeben zu haben, und in der gegründeten Hoffnung, daß die Diöcese erfüllen werde, was sie ihm bei so vielen Gelegenheiten betheuert hat. Und gewiß, die Mauern des Gefängnisses und die Landesgrenze werden ihn nicht von ihr trennen und seine Wirksamkeit in ihr nicht hemmen. Gekräftigt durch sein Beispiel wird auch sie alles ertragen, was der Kampf an Leiden über sie bringen wird, keine Schwierigkeit und keine Opfer scheuen, um den Glauben treu zu bewahren und die Pflichten desselben zu erfüllen. Dadurch wie durch ihr Gebet wird sie den verehrten Oberhirten trösten und stärken. Sind jene Leiden die Dornen, die sein Hirtenstab trägt, so werden die Glaubenstreue, die Liebe und Anhänglichkeit der Diöcesanen die Rosen sein, die unter den Dornen ihm erblühen und ihm den Schmerz der letzteren vergessen lassen. —